AF601934

破局点

互联网创新案例、策略与方法

沈　拓◎著

人 民 邮 电 出 版 社
北 京

图书在版编目（CIP）数据

破局点：互联网创新案例、策略与方法 / 沈拓著
. -- 北京：人民邮电出版社，2017.5
ISBN 978-7-115-45428-7

Ⅰ. ①破… Ⅱ. ①沈… Ⅲ. ①互联网络－应用－企业管理－研究 Ⅳ. ①F272.7

中国版本图书馆CIP数据核字(2017)第066332号

内 容 提 要

本书聚焦于如何在创新中有效破局。本书通过对企业不同创新场景的分析，包括如何实现产品规模爆发，如何打破竞争对手围追堵截，如何切入用户时间战场，如何把握产业新机遇，如何在产业生态中占据有利位置，如何实现弯道超车，如何构筑竞争壁垒等，帮助读者系统化掌握破局的理念、策略和方法，其中辅以大量的案例剖析与要点提炼，对于传统企业转型升级、创业企业加速成长都具有重要的启发意义。

本书适合传统行业及互联网领域的企业家、创业者、职业经理人、投资人、潜在创业者以及对互联网与商业知识感兴趣的各界人士阅读。

◆ 著　　　　沈　拓
责任编辑　李　强
责任印制　彭志环

◆ 人民邮电出版社出版发行　　北京市丰台区成寿寺路 11 号
邮编　100164　　电子邮件　315@ptpress.com.cn
网址　http://www.ptpress.com.cn

◆ 开本：700×1000　1/16
印张：12.25　　　　2017 年 5 月第 1 版
字数：175 千字　　　2017 年 5 月北京第 1 次印刷

定价：55.00 元

读者服务热线：(010)81055488　印装质量热线：(010)81055316
反盗版热线：(010)81055315

精彩点评

沈拓是博洛尼多年以来深度合作的企业顾问，陪伴我们面对挑战，推动团队成长，激发创新活力，为博洛尼的转型发展做出了很大贡献。最近拜读沈拓的新作《破局点》，深受启发，其中的分析扎实有力，非常系统，也非常实用。在消费升级、“互联网 +”的大背景下，所有渴望转型升级的企业家都应该读一读这本《破局点》。

——蔡明，博洛尼家居创始人、CEO

沈拓集合自身多年在互联网领域的经验、观察与心得，对互联网企业的破局点及竞争方法给予多角度的剖析。书中不仅分析了多个值得了解的成功与失败的案例，亦提出了作者对案例研究所得的教训总结，值得有志进入互联网之门的人士阅读参考。

——陈威如，《平台战略》作者，中欧国际工商学院战略学教授

我听过沈拓的培训课程，沈拓是很少见的老师，他会为了让学生好好学习对学生发火，教学可谓严谨、认真、负责，他写书也是同样认真、严谨、深入。我们现在身处有史以来最未知的商业变革中，《破局点》让我们找到一种有效的、底层的突破方法，特此推荐。

——郝志中，大咖说创始人，前迅雷看看 CEO，酷 6 网联合创始人

沈拓老师是我多年的良师益友，他是我认识的咨询顾问中特别善于向实践学习、向年轻人学习、向创业者学习的一位。他也是一位特别善于思考的学者，总能透过一些商业及管理的表面现象去寻找规律性的东西。无论是阅读他的文章还是听他给管理者讲课，总是觉得观点鲜明，逻辑清晰有力，内容深刻。近年来，沈老师专注对互联网商业模式、创新创业领域的研究和实践，他的许多理论及观点对正在转型中的传统企业有许多的帮助，我也期望他的这本新书同样带给您启发。

——蒋跃瑛，姜茶工作室创始人，前阳光保险集团阳光大学执行校长

初见沈拓，总觉得哪里与常人不同。数年相识、相交，所学所感甚多，兄博学善思，更为难能可贵之处是善于提炼，长于总结，精于方法。新作《破局点》始于对科技互联网行业的思考，却对我这个传统行业的从业者促生出诸多认同、思考与创新冲动，掩卷感悟良多，终觉沈兄异相与其治学深思，是为因果。

——孔鹏，旭辉集团副总裁

一气读完《破局点》，其扼要的梳理、精准的分析、明确的观点，使我豁然朗清。细品书中案例，不仅可以领悟其中的“机巧”，而且会激发创新的“荷尔蒙”。这本书既是学习、认知互联网创新的普及读本，也是探求引导信息时代商业运作的方法论，非常有助于消除因互联网高频迭代发展而造成的惶恐和盲从。

——李红杰，新奥集团高级副总裁，北京大学中国战略研究中心副主任、研究员

沈拓多年专注于传统企业转型和互联网创新领域，与多家大企业合作，

推动转型，发起创新，打磨产品，成立了互联网创业联盟，亲自参与或辅导多家互联网创业企业，深入到互联网创业企业的破局之中，通过大量的案例积累，总结了互联网破局的概念和要领。他对自己的人生有一张很清晰的战略规划图，而且他早已找到了自己人生战略图的那个破局点，那就是选定行业，实践、总结、提炼、推广、辅导别人，他通过这一系列的工作，凭借自己的智慧和经验帮助了众多创新者，也成就了他自己。他的这本新书我迫不及待地一晚上读完，这无疑是今年早春传统行业转型以及互联网创业企业的一场及时雨，润物无声胜有声。

——李映红，中美大都会人寿保险有限公司顾问行销助理副总裁

我曾经遇到过、投资过许多创业创新项目。对于这些企业来说，如何突破成长困局，如何找到一个有效破局点，如何形成一套系统化的破局方法体系，是成长中最大的挑战和痛点。今日拜读沈拓的新作《破局点》，大感欣喜，因为这本书案例翔实，分析透彻，更难得的是，每个案例都提炼了诸多颇有启发的策略和方法。无论是创业企业成长，还是传统企业的转型创新，《破局点》都值得一读，相信会给你很多帮助。

——童玮亮，梧桐树资本创始合伙人

我把沈拓称为互联网时代的德鲁克先生。如工业时代的德鲁克先生一样，他立足实践，善于总结，更敏于洞察正在发生的未来！我建议所有正在积极进行产业转型升级和业务结构优化的企业家们，深入学习《破局点》，找到战略制高点，把握产业控制点，获得重生！

——王成，凯洛格咨询集团董事长，华成战投董事长

互联网“风口”稍纵即逝，创业企业、转型企业手中资源其实都有限，如何根据自己团队的优势，找准一个战略定位，并且推出一款能解决用户“痛点”的产品，从而让用户眼前一亮，是创业创新的关键。沈拓先生通过深入浅出的案例给了我们很多启发，《破局点》是一本非常适合创业者、创新者阅读的好书。

——温跃宇，趣游联合创始人，连续创业者

每个局都有两种力量，做局者和破局者。守旧者做局布下天罗地网，而新创者唯有破局才能获得生存空间，拼死拼活打 1000 个洞不如找到一个破局点。如何找到这个破局点？怎样演绎出破局的战略沟壑？又当以何种方法论一以贯之、破之？此书给出了答案。说的虽是互联网，人工智能何尝不是如此？

——吴甘沙，驭势科技创始人、CEO，前英特尔中国研究院院长

当下互联网和人工智能正以一种势不可挡的态势对几乎所有行业进行颠覆和重塑，数以千万计的创业者正满怀激情和热血加入双创大潮，争做弄潮儿。然而残酷的事实告诉人们创业之路除了激情和热血外更需要的是格局、战略和方法，《破局点》一书通过对近年爆款产品的详尽分析介绍了在创新过程中如何找到突破点并制定最佳产品策略的系统方法，非常适合广大的创业者和渴望走上创业之路的朋友进行阅读。

——吴华鹏，iTechClub 互联网技术精英俱乐部理事长，1024 学院创始人

在“万众创新”作为国家战略的今天，创新得到了前所未有的重视。然

而，究竟应该如何创新却鲜有著作能够给出系统化的创新方法论。从这个意义上讲，沈拓的《破局点》一书本身就是破局之作。这是一本改变创新思维的书，也是一本极具实操性的应用手册，对所有希望在互联网时代成功转型和创新的企业家和经理人来说，这本书不可不读！

——郑毓煌，清华大学经济管理学院营销学博导

序一

在这个充满不确定性的时代里，人与人、企业与企业之间的竞争，从根本上讲，是认知的竞争。沈拓老师的《破局点》一书，将给读者带来巨大的认知升级。

我在中国的企业界、投资圈、创业圈辗转多年，认识的专家很多，其中，沈拓老师是一位真正的高手，无论是在互联网产业研究方面，还是在企业转型升级的实战方面，他都具有扎实的功底、丰富的经验和诸多成功的案例。沈拓老师辅导过数十个大型企业和近百个创新项目，还参与投资过几十个创业项目。沈拓老师身兼多重身份，他开创了自己的咨询公司，担任了上市公司董事以及两支投资基金合伙人，与清华 x-lab 合作创立了创新加速器，与快创商学院合作创立了沈拓学堂，这种多元的背景和跨界的经历，赋予了沈拓老师难得的视野和格局。

这部《破局点》极具特色，它不仅仅是一个个精彩的企业案例，也不仅仅是商业模式创新、产品突破、市场增长的思想精华，它更是沈老师作为业界专家数年如一日的知识累积与认知沉淀。《破局点》作为深度思维原创，不仅对中国互联网发展过程中的重大破局案例进行了深入分析，还提出了行之有效的创新方法论，同时，也对传统企业转型升级提供了足够的策略启示与方法指导。从这个意义上讲，《破局点》一书在帮助读者回答这样一个问题：互联网时代的转型创新困局，应该如何打破？

本书承袭了沈拓老师一贯的表达风格——文风简约，笔锋犀利，分析透

彻，一气呵成。专业带来自信，功力铸就霸气，读之振奋，内心激荡。未来读这本书的，会有万千人，也必有万千气象。

尹立志

快创商学院创始人

2017 年 3 月 22 日

序二

沈拓先生是一位勤于思考的意见领袖，每次读他著的书都有一种难以释卷的感觉，如《网络人的未来：移动互联网和大数据时代的 100 个预言》《重生战略：移动互联网和大数据时代的转型法则》《不一样的平台：移动互联网时代的商业模式创新》《重生领导力》，等等，都是一口气读完。这得益于沈先生长期在一线的实践，他担任多家大型企业的战略顾问，参与并接触了大量的转型创新的实际案例。同时，他还是清华 x-lab 创业导师、清华经管学院商业模式课程的特聘讲师，对移动互联时代的商业模式进行过深入的分析和研究，形成了自己的看法和思维。

最近 5-10 年互联网创新的发展所带来的发展机遇和模式改变比历史以往年代的总和还要多，并且这个趋势还在一直向前发展之中。这是一个机遇和挑战并存的时代，而且发展的速度比以往都快，层出不穷的新业务模式让人眼花缭乱，颠覆者被颠覆的时间也在逐步缩短。

在这个时代，先发和后发都有可能成为优势。破局点的选择和把握能力是企业经营者的关键能力之一。我们看到有很多先进的技术和思维，在看起来顺风顺水的环境中总是难以存活，但有些“莫名其妙”的创意，却在悄悄地蔓延，以至很快发展成主流和独角兽。关键时间点的选择、业务模式的混合，或者几项关键技术的融合都有可能创造新的突破口，如区块链技术。单独的加密技术、共识技术、智能合约技术和隐私保护技术早就成型，但这几项关键技术组合成的区块链应用，就爆发出颠覆者的力量。

破局方法论的提法很有意思。很多人对于互联网时代商业模式的认知通常都是野蛮生长、病毒式发展，形成一定规模后受到大众以及相关行业监管部门的关注，并逐渐走入正途，而“方法论”通常是成熟企业在有大量案例佐证的情况下成功的路径，有了方法论以后成功的关键因素将是执行力。互联网创新发展了这么长的一段时间，是不是真有成型的方法论呢？希望读者能从本书中找到答案，同时希望本书会让互联网行业的从业者有所领悟，让行业外的研究者能看清这个行业的脉络。

范斌
IBM 全球业务咨询服务部合伙人、大中华区银行业总经理
2017 年 4 月

前言

创新一定要找到最关键的破局点。

任何创新，必须要找到最主要的突破口，也就是找到那个尖锥一样一举撬动全局的破局点。正如马云所说：“刺刀捅进去就出血，有了一张战略图之后，一定要找到一个地方是一刀捅进去就会流血的，闻到血腥味大家自然会冲上来，这张皮一定能被撕开，如果四五个点都是拿小钉子敲，敲了三年下来没有一个点是敲破的，所有人都崩溃了。重要的是一定要找到一个点切入，把它做深做透，彻底地把这个桩打进去。”

苹果手机就是这样的破局点，通过在产品形态和用户体验上，找到那个关键破局点，最终把整个行业都掀掉了。微信红包也是这样的破局点，腾讯在支付领域投入多年，始终打不动阿里巴巴的支付宝，但后来搞出来微信红包，春节当晚的峰值，几乎超过了阿里“双十一”的交易额，在支付领域实现了格局颠覆。再长的防线，也抵不过一个聚焦的点，来回反复地冲击。

创新要有明智的破局策略。

产品刚刚面市，如何顺利启动，一击必中？被强势对手围追堵截，如何能够存活下来？今天的竞争已经是用户的时间份额竞争，如何切入用户的行为深处，领跑时间战场？如何有效俯瞰产业全格局，把握住关键跑道，从中找到自己的突破方向？如何深度理解一个行业的游戏规则，找准要害，伺机变革？如何能准确预判产业的变革拐点，找准产业的变革要求，一举实现弯道超车？如何把该做轻的地方做轻，把该做重的地方做重，构建对手难以企

及的竞争壁垒？

这些，都是一个企业成长过程中的关键破局时刻。一个企业家最重要的决策就是在破局时刻做出最明智的抉择。正如任正非所说，“我们要敢于在‘机会窗’开启的时期，聚集力量，密集投资，饱和攻击。扑上去，撕开它，纵深发展，横向扩张”。找到这个破局点以后，不要有任何犹豫，一定要“All in”。因为，破局点就是生死存亡之点。

创新需要系统化的破局方法论。

由于工作的关系，在过去这些年里，我曾与多家大型企业合作，推动转型，发起创新，打磨产品，从中看到了大量的或成功或失败的破局案例。我还近距离“教练式”辅导或参与投资了多家创业企业，深入参与了多个创新破局实践。我发现，无论是已成规模的传统企业，还是新锐的初创企业，都迫切需要一个系统化、完备的破局方法论指导。

通过一段时间的努力，基于大量创新破局的研究与分析，我完成了本书。本书聚焦于互联网破局主题，系统总结了企业互联网破局的几种典型场景，辅以大量的案例剖析与要点提炼，希望帮助读者切实掌握互联网破局的理念、策略和方法。无论传统企业转型升级，还是创业企业加速成长，相信本书在互联网创新破局方面的探索，都会对你有所帮助。

沈拓

2017 年 3 月

目录

破局点：
互联网创新案例、策略与方法

第1章
刚刚推向市场，新产品如何一击必中？

风口是什么？

雷军曾经说过一句著名的话：“站在风口上，猪都会飞。创业成功的本质是找到风口，顺势而为。”很多人都希望找到这个“风口”，那么“风口”是什么？有人说“风口”是某个行业，比如新能源；有人说“风口”是某类技术，比如人工智能；有人说“风口”是某类新型业务，比如直播。但笔者以为，真正的“风口”，来自于用户内心深处的需求汇聚，来自于社会心理的共性集合。

所有移动互联网的爆款产品，究其根源，最主要的驱动力均来自于社会心理的巨大变迁。

心理个性化时代的萌芽在 18 世纪就已发生，大多数历史学家同意在那个时代产生了主观意识的萌芽，人们开始意识到自身的重要性，即意识到意义和情感是内在的，而并非寄托于外部事物中。在那个时代，许多细节的变化标志着主观意识的觉醒，比如，给孩子取具有个性的名字，衣服和随身物品上签署主人名字的首字母，宠物开始被大受欢迎，肖像画从上流社会逐渐普及到了中层社会。18世纪中叶的消费繁荣以及随之而来的经济增长浪潮，正是得益于这种新的心理动力。

在最近数十年间，社会的快速发展造就了惊人的物质繁荣，新一代人的成长建立在物质安全的基础上，这一点迥异于前人成长的物质匮乏的环境。两种基于不同生活哲学成长起来的人群具有重大的价值观差异，这种差异之显著，已经足以使新一代人对于自身角色、规范约束与使命职责产生完全不同于前人的理解。现代人越来越呈现出区别于前辈的困惑和难题，包括突出的心理自主、积极表达、身份自主等个性化价值观，与基于大规模生产的高度标准化的社会商业逻辑之间的矛盾；包括维护良好生活空间、塑造个性身份与工作中日积月累的压力的冲突等。德国社会学家乌尔里希精辟地将现代人在生活中面临的普遍冲突总结为：用自己的双手掌控自己生活的渴望与现实之间的矛盾。以上的困惑与难题必然造就现代人心理自主的梦想。现代人渴望一个能够对自主心理给予肯定、支持和滋养的世界。任何商业战略都是为客户需求所驱动，这必然是社会心理的产物。社会心理通过对于人类消费行为的深刻影响，要求商业世界做出变革性的再造，这实际上是互联网中社交类应用爆发性增长的最主要的驱动力量，它要求移动互联网时代的各类社交应用的价值主张、产品构成、服务模式、客户维系与增值开发、平台聚合等能够对主流人群的自主心理给予肯定、支持和滋养。

移动互联网时代的爆款产品，需要不遗余力地满足现代人对于生命的自我控制诉求，支持他们实现心理自主，理解他们内心最深刻的诉求，包括以下几个方面。

第一，要求庇护。

现代人内心渴望得到一个安全的庇护所，它既可以是物理空间，也可以是心理空间。在心理庇护所之中，人们可以拥有自己的空间，左右自己的选择，控制自己的时间，塑造自己的生命。在个人空间之中，一个人可以体会到自己的独一无二，不用再同大规模标准化秩序的力量作斗争，不会再被当成一群无名无姓的交易对象。从这个角度来看，我们可以深刻地理解，为什么在社交关系中的众多的虚拟账号、个性空间、虚拟财富、社交群体、微博门户已经成为移动互联网一代必不可少的心理与行为伴侣。

第二，渴望发言。

表达的首要目标是证明自身的独特价值。通过表达，一个人可以定义自己的世界，将复杂的体验进行发布。表达已经不仅仅是信息传递本身，而是一种创造意义并为生命灌输价值的日常程序。人们会耗费大量的时间用于表达，从文字聊天到视频聊天，从博客到朋友圈再到直播，现代人利用各种手段告诉世界："请尊重我，请听我说。"人们甚至会专门购买机会来实现自我表达。从这个意义上来说，消费事实上已经成为许多人行使发言权的手段，他们会不断创造一些新的消费方式，来昭示自己的独特价值。

第三，寻求联系。

现代人独立并希望自我定义的特征，将使他们产生一种新的相互依赖的需要。人们需要找到一些值得他们信赖的人和环境，来帮助他们实现与心理庇护和个性发言相关的目标。通过各种现实和虚拟社群，从同道朋友那里寻求支持正是这种联系需要的表现。思考一下我们自己的体验，不断刷新的微信群、永远在线的 QQ、半夜也要刷一下的朋友圈……我们内心其实始终渴望与信赖的人保持联系。

今天的主流用户，是高度渴望心理自主的用户，他们正以一系列新的行为团结成为一个贯穿商业社会各个角落的巨大群体。这一代用户的需求表达为：“我要购买那些能够带给我个性化生活的东西，我要购买那些能够让我实现心理自主的帮助和服务，我要使用那些能够让我创造自己、了解自己、成为自己的东西。”他们深切地渴望商业世界能够在他们的个人心理与行为空间中，为他们提供支持。他们说：“我的生活和梦想就在这里，请过来吧。我的生命应该得到你们的认真对待，请做我生命中的伙伴。”

移动互联网时代的爆款产品，其深层次的内涵在于满足了当前主流人群对心理自主的渴望衍生出来的相关需求，并提供了真诚关切与有力支持。任何渴望成功的产品，都要对这一代用户的真正需求“得到庇护、渴望发言、寻求联系”进行深刻的理解与开掘。

【案例】新浪微博为何成功?

在最近十年中，毫无疑问，新浪微博是最成功的互联网产品之一，覆盖海量用户的同时，还具有巨大的社会影响力。回顾新浪微博的早期成长史，以及一系列的关键策略，对于今天的互联网产品仍有启示。

新浪微博有效运用金牌用户策略。在产品中尽可能多地召集具有强大号召力的用户，以吸引其他用户快速加入。

新浪微博在争取金牌用户方面做出了巨大的努力。早在竞争对手警觉之前，新浪几乎发动了全公司的资源，将新浪博客上大部分的名人发展为新浪微博用户，并与其中很多人签署了排他协议，还为重要的微博用户提供了专

门的客服人员。如今我们回看新浪微博早期所取得的成功，不难看出名人运作是其中的重要因素，包括李开复、蔡文胜、杨幂、王力宏、罗志祥等名人都是拥有几百万粉丝的微博用户，同时，草根性质的博主，比如冷笑话精选、微博搞笑排行榜等，各自的粉丝数量也很早就达到了百万数量级。再从名人事件的运作方面来看，不管是方舟子打假，唐骏的“学历门”，李开复的“职场门”，还是薛蛮子发起的微博打拐和于建嵘发起的“随手拍”等，都体现了新浪微博的媒体价值及其所带动的社会力量。金牌用户策略，是新浪微博早期得以快速发展的关键。

新浪微博超越 Twitter，尽可能地为参与者创造价值。新浪微博最初的确是模仿了 Twitter，但此后新浪微博进行了大量的创新，远远地超出了 Twitter 所能提供的体验。比如在 Twitter 上只能发送文本信息和链接，而新浪微博的用户可以直接发送图片、视频和音乐。在新浪微博里面，一条微博可以直接展示图片、视频和声音，换句话说，是使用某种媒体化工具兼容了视频、图片和声音，这大大地提高了微博作为社会化媒体的表现力和传播速度，使微博成为新的主流媒体。同时由于国内的特殊环境，微博在融合多媒体策略支持下，进一步成了一个集表达、传播、沟通于一体的超级平台，而不仅仅像是 Twitter 那样只是一个单向广播工具。

新浪微博另一个关键的运营策略是平衡，包括信息制造与信息消费的平衡，草根与金牌用户之间的平衡。一个好的媒体平台必须要实现信息制造与信息消费的总体平衡，如果信息制造过少，会使整个信息系统缺乏信息源，而如果信息消费的出口过窄，又会使得制造出来的海量信息无法得到充分的消费，使得整个信息平台发生混乱。新浪微博在上游环节即信息制造环节是这样做的：一方面是让大量的用户通过 UGC 方式自我创造内容；另一方面则是通过一键分享的功能，使大量的互联网内容成了微博用户可以随时选用的信息素材，这就意味着新浪微博在上游为信息制造提供了充分的素材。而在信息消费环节，也充分发挥了微博的优势：每个用户可以选择你喜欢关注的人，也就是说用户可以自由调控信息获得的通道，同时通过转发、评论的功能，来完成进一步的信息消费。微博平台之所以要为用户所能关注的人数进行上限设定，就是为了保持信息制造以及信息消费的平衡。在那个时代，还存在相反的例子，就是腾讯滔滔和百度 i 贴吧，它们实际上都有微博早期的雏形，初期也都获得了一定成功。比如百度 i 贴吧，在推出之初，感到新鲜的贴吧用户投入了很大的热情，像李彦宏的 i 贴吧不过月余就已经达到了几千万的粉丝量，腾讯滔滔也利用了腾讯的优势把腾讯上或者别处分享的信息链接，导入到腾讯滔滔的信息框中。但是这两个产品最大的问题就在于，尽管带来了海量的信息输入，但在信息消费和输出环节却没有培养出信息输出的习惯，导致用户在大量信息不断涌入中迷失，使得用户的热情被一步一步消磨掉，这就是信息制造与信息消费失衡的典型案例。

另外，关于草根用户和金牌用户之间的平衡，一个好的社会化媒体平台从长期来看，必须是一个草根活跃的平台。新浪微博不仅为金牌用户提供了大量的支持服务，充分发挥他们意见领袖的作用，事实上草根阶层也在不断地打造更多的一线明星，加 V 认证等方式利于一部分即使不具备金牌用户那样有巨大号召力的人，通过自己的努力脱颖而出，可以成为微博中的一个小型意见明星，这种草根与金牌用户之间的平衡策略对一个运转有序的媒体平台是非常重要的。

新浪微博在平台开放及对第三方的支持方面，在那个时代，比同期的竞争对手做得更好。当时，包括阿里巴巴、百度、开心网、人人网、腾讯、新浪、

盛大等都发布了开放平台计划。但事实上这些平台的开放程度以及进入门槛高低不一，比如阿里巴巴的开放平台集中在电子商务领域，但是大多数开发者并没有从事商业的经验。百度的应用开放平台主要是基于框计算，对于开发者来说，它的应用想要大卖的话，必须通过大量用户的搜索，这种可能性也并不大。开心网和人人网也都有各自的开放计划，但是它们只对少量公司或者只是细分领域的前三名开放，同时伴有极为苛刻的审查过程。

相对来说，新浪微博对第三方开发者的开放支持水平要超出竞争对手。我们可以通过几个细节，对比一下当时新浪微博和腾讯微博所提供的接口。在公共内容上面，腾讯和新浪都提供了获取公共微博和热门话题的接口，但新浪的热门话题接口更加丰富，包括了每周、每日和每小时的热门话题，而腾讯只提供了一个话题热榜接口。在用户内容上，两个平台的差别更加明显，对于微博的转发和评论，新浪直接提供了 API 可以获取一个用户发出和收到的评论，而腾讯只提供了获取一条微博所有评论的 API。这意味着，在新浪微博上通过一个 API 请求就可以获得某个用户收到的评论，而在腾讯平台上，开发者需要先获得用户发表的微博列表，然后再拿着每条微博向腾讯再次请求其所有评论。尽管对于用户关系链的开放，两者差别不大，第三方开发者都可以拿到一个用户的粉丝和好友列表。在辅助功能上面，双方都提供了好友推荐和比较完整的搜索服务，但新浪还支持获得一个用户可能感兴趣的标签，这个 API 为做基于微博的推荐服务提供了有效的参考信息。此外，新浪对于第三方开发者进行最基础的、相对简单的审核，只包括不能损害用户利益、不能夹带病毒、不能影响整个微博系统的运行等要求，因此进入门槛也比较低，这样就能够吸引更多的各种类型的开发者加入。

比如视频网站的领军者优酷网，就与新浪微博通过开放平台实现了合作，用户使用新浪微博的账号可以登录优酷网，而且用户登录优酷之后的动作，比如发表评论、收藏视频，可以同步在自己的新浪微博账号上发布一条微博。这样对优酷来说，相当于与新浪微博共享用户、共享内容、共享系列传播的机制，带来更多的用户与关注。

这就意味着，通过与新浪微博平台的合作，新浪微博与它的合作伙伴可以共享彼此的用户源，更重要的是给这些应用都相应地增加了社交因素。因此当时很多知名的网站，包括中关村在线、大众点评、虾米网、洗车点评网、街旁网、京东商城等，纷纷与新浪微博开展合作。就拿提供签到服务的街旁网来说，新浪微博为其带来了 30% 的流量，通过将街旁网的地理信息与新浪微博用户关系串联在一起，用户可以随时随地和朋友分享吃喝玩乐的小攻略，比如用户在街旁网上注册签到，他的朋友在新浪微博上就可以获悉该用户此时此刻所处的位置。

回顾历史，从发展初期看，新浪微博的成功是由于前面谈到的金牌用户策略、优化体验策略、平衡性策略和开放策略。但从中长期来看，新浪微博作为一个社交产品，归根结底，未来胜出关键并不在于媒体载体本身，而取决于一个媒体搭建起的这个以人为中心、以交互为主体模式的关系网，取决于成为媒体平台所具有的开放性架构，取决于是否会成为互联网应用操作系统。而后来发生的故事我们都很清楚了，腾讯微信的发展给新浪微博带来了巨大的冲击和被替代的风险，但是新浪微博凭借其相对媒体化的战略，还是站稳了脚跟，稳定了局面。无论如何，新浪微博是中国互联网历史上的一款成功产品。

再进一步剖析一下新浪微博的案例，除了产品策略之外，还有很多资源决策，可以供今天的创新型公司借鉴。

第一，凡事要趁早，凡事要抓紧，先发优势很重要。当年做微博产品的，都脱胎于几大新闻门户，包括新浪、搜狐、腾讯、网易、凤凰，但只有新浪微博胜出，如今也几乎只剩下新浪微博。微博市场的竞争极其残酷，新浪的胜出很大程度上应该归功于新浪的快速启动。每一家企业在推出新业务的时候，都会有一定的决策周期，难以权衡的是业务之间的相互冲击，尤其是创新型业务是否能够为自己带来足够的增长，这种增长是否足以抵消对自己传统业务造成的损伤。

事实上，在互联网创新过程中，极易出现左手打右手的现象，而在这方面一旦产生过多的犹豫，就会丧失重大机遇。新浪微博在推出之前，新浪高层非常担忧，作为一个媒体型的门户网站，微博是否会对新浪门户以及新浪博客的流量带来冲击，最后新浪的决策层意识到，若微博真会带来冲击的话，就算新浪不做别人也会做，那么与其让别人做不如自己做。现在来看，新浪决策层的判断是正确的，并且给新浪带来了丰厚的回报。

同时，社会化媒体平台具有非常典型的“马太效应”，也就是强者恒强的现象，表现得非常明显。举例来说，一个用户一天的时间总是有限的，一个人很难把自己在一个社交媒体平台上表达的个人心情，再换一个平台继续表达。同时，随着他的微博社交圈子的规模壮大，他的转网门槛会越来越高。由此带来的结果是，一个领先的社会化媒体平台将会不断放大他的领先效应，这让后面的追赶者难以追赶。如果一旦取得先发优势，后来者很难逆转。

第二，战略性创新需要资源高度聚焦。除了新浪，其他所有进入微博领域的门户网站也都具有充沛的内容资源，同样在微博上进行了不小的投入，那为什么只有新浪微博取得如此重大的成功呢？这是因为新浪微博将它的资源高度聚焦。为了确保微博成功，新浪砍掉了包括新浪朋友在内的一系列产品，倾注大量资源在新浪微博上，包括前面提到的公司的人力、邀请金牌用户等，此外，产品迭代的快速进行为新浪微博争得了宝贵的时间。新浪本身是一家上市公司，具有相当充沛的资源，当它倾注资源来做一件事情的时候，成功的概率自然会远超对手。

第三，创新往往需要发挥既有优势基因。在新浪发展过程中，作为一个老牌的互联网公司，曾经不被看好，原因是在这一阶段新浪始终专注于内容。尽管，新浪也做过各种各样的尝试，回头来看新浪的核心竞争力，还是来自于其在网络媒体方面所拥有的能力和经验。此前新浪博客的领先并没有形成太高的用户黏性和竞争门槛，这使得新浪的危机感比较强，更有动力寻求提高门槛的方案，而微博恰好就是这样一个产品。从某种意义上讲，微博是新浪新闻和博客的一个延伸和整合。新浪公司在内容媒体经营的经验曲线，以及之前所开发的后来被“枪毙”的 SNS 产品，为新浪微博提供了足够有益的发展经验。

第四，创新型产品需要保持足够的独立性。新浪微博在发展过程中，新浪做得非常好的一点是，没有贸然进行微博与博客以及其他业务的整合，甚至为微博推出了 weibo.com 的独立域名，这对于一个新产品是至关重要的。微博得以火爆，很重要的一点，就是源于其简洁特性，这一点显著区别于以前对于新浪博客和新浪门户的体验，如果简单地把这几者联结到一起，只能让用户感到复杂与困惑，并不利于新浪微博的成长。因此在这方面，新浪采取了非常正确的决策。

第五，创新型产品要有自己的盈利策略。新浪微博作为一个全新的平台，用户可以获得弱关系，并在从弱关系到强关系的探索过程中感受到乐趣。相对于 QQ 等强关系平台，微博更加主题化、聚焦化，同时使用户获得主导权，

这种主导权表现在用户可以选择希望获得的信息来源，用户可以选择对信息的转发或增值加工。当然更重要的是，如果用户的粉丝足够多，可以形成大范围的直接传播。因此，微博平台与即时通信等其他社交媒体相比，具有非常典型的媒体增值价值。新浪微博为广告主提供了多种传播手段，例如，微矩阵是为企业客户建立微博账号群，使广告主可以打造属于自己的广告传播渠道，微矩阵是最明显的一种广告传播模式；微同步，将企业微博账号与企业网站打通，实现内容同步；微直播，是通过新浪微博直播产品发布会或线下活动；微公关，是利用新浪微博，结合事件进行品牌形象公关和危机公关；微应用，则是利用基于新浪微博的第三方应用功能实现针对某种特定人群的营销。从新浪微博开始，社交媒体带来了广告和营销的再造，使社群从一个个边缘化、草根化的群体，变成移动互联网的主流。

总体来看，新浪微博这个爆款产品案例，有助于我们深度把握爆款产品的如下特点。

第一，所有好的产品，必须要能填平“鸿沟”。好产品要为普通人提供无尽的可能性，使草根们有舞台可以发挥自己的天赋、展现自己的天性。从著书立说到行文赋诗，从原创影音到网络求职，把壁垒森严的阶层感造成的“鸿沟”填平。

第二，好的产品，在很大程度上，还必须满足当代互联网用户个性诉求的需要。移动互联网的出现，正在成为现代人展现个性特色、展现自己价值的主要阵地。从在论坛上自己的游记，到朋友圈中的心情日志，从微博中种种极富创意的作品展现，到社区中温馨可爱的小窝，“我”已经成为一个越来越重要的主语，成为这个个性时代最强烈的诉求来源。

最后，好的产品通常有助于促进用户形成社群。移动互联网时代，强化了现代人的社群精神。从形态各异的现实社会人际群体，到各式各样的网络虚拟圈子，人们以各种方式寻求与他人的联系，表达自己的关切，寻求协作与互助。

总体来说，爆款产品必须强有力地满足当代用户的心理特征：鼓励人们挣脱标准化时代的被动商业消费者的命运。帮助每个用户得到真正的尊重与信任，帮助每个用户的声音得到真诚的聆听，帮助每个用户的心理得到深度的支持与庇护。这大概是所有爆款产品的终极源头和归宿。

时间战场

逻辑思维的跨年演讲上，罗振宇提出了“时间战场”的概念，这个表述事实上是很准确的——几乎所有的互联网产品都在竞相争夺用户的时间。

根据一个互联网用户的典型体验行为，我们可以大致绘制一个用户时间战场的模型图，如图 1.1 所示。

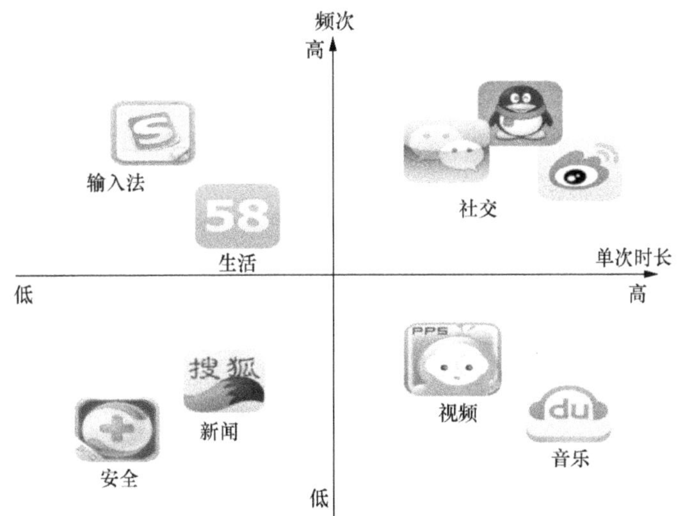

图 1.1　用户时间战场模型图

简单来说，一个互联网产品的价值源于在时间战场上表现如何，这种表现是由两个主要的参数决定的：第一是用户使用某款互联网产品的频次，频次越高价值越高；第二是用户使用该产品的单次时长，单次时长越长意味着用户沉浸的程度越深。可以这样说，互联网产品的竞争，直接表现为对于用户时间份额的争夺。

大体上讲，视频、音乐，都属于单次时间较长，但频次相对较低的应用；而类似于新闻客户端、杀毒与安全防护，这一类的应用属于单次时长和频次都相对较低的应用；像输入法、生活分类信息则属于频次相对较高，但单次时长使用较低的互联网应用。一般来讲，频次又高、单次时长又长的应用并不多见，而进入到这个类别的产品往往会成为互联网现象级产品。这一类的应用包括微信、微博等，其使用的频次非常高，每天使用的时长也非常长。

“时间战场”对于任何互联网产品的生存与发展都至关重要。为了能在时间战场上领先，所有的互联网产品都竞相成为用户的第一门户，或者至少成为本品类互联网应用的第一门户。在这个过程中，涌动着许许多多的创新产品。

在互联网发展的早期，最主流的门户是目录式的门户，其典型代表是雅虎、搜狐、新浪等企业。但是随着信息量越来越大，应用的内容越来越繁杂，这种目录式的、逐层进入的方式，已经让用户感到厌倦。

这个时候，谷歌应运而生，中国的百度也随即出现。它们可以让用户以直接搜索的方式，快速查到自己所想获取的信息，搜索引擎逐渐成为最主流的桌面互联网使用门户，谷歌和百度也成了汇聚用户流量的流量“帝国”。

即便如此，其他从事互联网应用的企业并不甘心，它们尽管无法撼动搜索引擎第一门户的地位，但是也希望在这场争夺用户时间的战场中占得一席之地，大量的全新产品功能由此产生。

首先可以看到的是，由于在包括使用搜索引擎在内的任何操作中，用户要做的第一个动作几乎是输入，在这方面搜狗输入法做出了非常大的创新，并且它比较早地采取了类似于云计算的模式，能够智能地预测用户的输入，因而获取了相当的用户时间份额。搜狗现在已成为中国第一大输入法软件。

同时，又有些互联网企业会考虑到，用户直接搜索获取信息是一方面，但获取相关人的可参考意见同样重要，特别是在买东西之前，用户的普遍心理是希望听听早期购买者的经验。因此，在搜索引擎门户和电子商务门户之外，诞生了点评类和比价类的门户，它们事实上是把自己前置在购买行为之前，切割了一部分用户的时间份额。这相当于用户在真正购买东西之前，先进入点评网站或者比价网站了解相关信息，包括订餐、订酒店、订机票。

还有一类互联网企业会这样思考：任何一个用户使用互联网的一个基本前提是，电脑要处于一种安全无毒的状态，这方面的痛点成就了杀毒软件、安全防护软件。其中值得我们注意的是 360 的微创新，它在一个非常狭窄的地带，为用户制定了一系列非常贴心的应用，包括开机提醒、查杀木马、对上网痕迹地清理等，因此它也成为用户时间战场的强有力的竞争者。

还有一些产品，根据细分客户群的偏好不同，吸引了有特定偏好的用户，比如喜欢收看视频的用户、喜欢打游戏的用户、喜欢听音乐的用户，这些门户也在时间战场的争夺战中占据了一席之地。

由于所有的互联网企业都竞相把自己推向离客户更近一些的位置，使自己成为用户进入互联网的第一道关卡。在用户有效的时间里面，发生了非常激烈的卡位争夺战。互联网企业为了使自己占据用户桌面，方法是无所不用，大体上包括以下几种：

第一种非常典型的策略就是免费策略，把自己的应用以免费的形式向用

户发布。在中国互联网历史上，曾经爆发过很多经典战例，比如 360 与瑞星的竞争，淘宝和 ebay 的竞争，等等。

第二种非常典型的策略，就是处处搭载策略。无论你下载什么软件，迅雷几乎会搭载在这里面。而你在下载一些娱乐类的软件时，也常常看到 360，它们搭载在入口处，搭载在内容里，尽可能鼓励用户下载。

第三种典型策略，我们称之为“拿来主义”。市场上比较领先的互联网企业，看到了某些应用占据了一个细分领域的入口处，它就会依托自己的优势迅速切入。在互联网历史上，这样做的最典型代表就是腾讯。腾讯在即时通讯市场取得了霸主地位以后，在大部分互联网应用领域出击，四处开战，处处碾压。当然，这也是腾讯一度被诟病较多，甚至引发“3Q 大战”的重要原因。

第四种典型策略，是互联网巨头借助自己资本上的优势，对部分细分领域的应用进行注资或控股。比如百度注资去哪儿网、番薯网、奇艺网，阿里巴巴注资名鞋库、美团网、人人网、搜狗，等等。它们通过自己的资本优势，进一步强化自己在时间战场上的强势地位。

用户的时间永远是最稀缺的。时间战场上的表现，决定了互联网产品的成败。

一切营销都是娱乐

约翰 · 奈斯比特在他的著作《大趋势》中说：“想卖东西吗？首先你必须让人高兴，在今天这个变幻莫测的世界，娱乐是日常生活中必不可少的因素。”事实正是如此，全面娱乐化是当前商业世界中的重要现象。消费者越来越需要高度人性化的商业服务，特别是需要商家与之有情感上的沟通与交互。消费者想对商家说的是：“只是好还远远不够，如果你们想做我这笔生意，那就得让我动心，给我服务，得给我留下无法磨灭的印象。”

互联网产品推广的一个重要问题是：如何把娱乐融入到消费者的体验中，使产品交互体验变得有趣？消费者不仅想在这里买东西，还想在这里获得更愉悦的体验，产品需要与消费者建立起感情联系，使双方的交互更加引人入胜。

第一，建立起有目标感的主题。

在中国的互联网历史上，无论最终成败，凡客始终代表了一种营销高度。回顾一下凡客的广告：“我是凡客。”很少有人能准确描述出什么样的人是一个凡客，但是如果你是凡客的话，你大致可以理解这种感受。这就是企业面向核心客户群的主题沟通。那到底什么是凡客呢？来到这个网站上的人都相对自信，时尚清新，会打扮自己，对自己有热忱，愿意投入精力和金钱来布置自己的生活。他们理解简单质朴的东西的本质，他们对生活敏感有好奇心，有欲望，想分享，有走出现实的需求，并愿意通过消费来使之具象化。这样的一个群体就是凡客以及许许多多电子商务平台所对准的目标客户群。

第二，讲好一个故事，塑造一个梦想。

一个消费者的在线购物过程，其实不仅仅是买东西，更多的是把他对于家、对于生活的梦想融合其中。因此今天的互联网产品，需要深切理解消费者的内在诉求，为他的生活提供真切的关怀与支持。这个过程，往往需要塑造一个梦想或表达一个故事来完成。像“美丽说”这样的商业模式，其微观本质是满足了一个年轻女性追随时尚、塑造自我、去探索最适合自己美的定义的过程。所有的社交产品其背后都隐含并赋予了用户这样一种盼望——你可以随时随地与一个陌生人相识，并且发生一段故事。

第三，确保用户的流畅体验。

互联网产品的服务过程，用户需要的是在体验中，获得让印象深刻、沉浸其中的良好体验，甚至作为他生命体验中非常重要的一部分。

例如，查看货物的在途状态，是用户对于电商网站的典型需求。在越来越多的电子商务平台上，消费者可以查询到自己所购买的物品，包装是在什么时候，出库是什么时候，到达区域仓库是什么时候。这样，购物对消费者来说，不再是一个“黑匣子”。再例如，越来越多的个性化电子商务网站，能够给消费者更多定制化的支持，只要消费者输入一些你的简单的身体特征数据，剪裁得当的物品都可以很快地传递到你手中。用户体验不能只有秀，还需要通过扎实的努力，让消费者享受到真正独一无二的愉悦感知。

第 2 章
被强势对手围追堵截，弱小者如何谋生存求发展?

【案例】UC 浏览器逆势突围

浏览器是互联网产品中一种基础性的重要产品，主要包括三大阵营：

第一阵营，一些巨头企业组成，如微软开发的 IE、苹果的浏览器 Safari、腾讯浏览器等。

第二阵营，一些独立的浏览器开发商新开发的浏览器组成，比较典型的像 UCWeb、火狐浏览器、Opera 浏览器。这些开发商都是专注于浏览器开发领域的。

第三阵营，互联网应用开发商，通过业务延伸，进入了浏览器领域。如作为安全应用提供商的猎豹开发的猎豹浏览器。

浏览器的主要盈利模式一般包含下述四类。

第一类就是通过预装来收取相关费用，比如说浏览器给手机终端厂商提供手机浏览器的预装服务，收取相关的授权费用。一般来讲，这种授权费用与预装数量、授权时长等因素相关。除了面向厂商以外，还有可能面向电信运营商的定制手机提供浏览器的预装服务。比如说 Opera，Opera 可以为电信运营商定制机提供浏览器预装服务，同时也可以提供页面压缩和渲染服务、服务器托管等相关服务。

第二类是流量出售，也就是说浏览器把自己的海量流量导引到相关的互联网商家，来进行流量分成。比如浏览器把流量导引到搜索引擎，双方根据合作的协议，用户每一次通过浏览器进行搜索的话，即可以按流量获取收入。再比如，与之类似的是，浏览器起到导航的作用，把流量导航到一些内容网站，比如说新闻网站、财经网站、生活网站等，通过流量导引换取相应的收入。同理，还有相当一部分合作是与电子商务网站开展的，也就是说把流量导引到电子商务网站。

第三类是广告收入，也就是说浏览器通过加载各类广告来换取收入。这是由浏览器本身具有的流量大、黏性强的特点带来的。

第四类是增值服务，也就是把浏览器作为应用提供商的一个接入平台，当用户下载一些影音、软件、图书等数字内容产生费用之后，浏览器厂商与应用提供商进行收入分成。我们认为它在未来可能是一种主流的盈利模式，但在现阶段看并不典型。

以上就是手机浏览器的四类盈利模式。

接下来，我们以选择浏览器产品为案例，进行剖析。按照李彦宏最新的说法，移动互联网领域的机会已经不多了，大部分都已经被强手卡位了。事实也确实如此，绝大部分互联网产品从诞生之日起，就发现强敌环伺，自己生下来就是个弱势产品。以浏览器为例，我们对于弱势产品进行一些展开分析：

第一，弱势产品与其价值链相关环节耦合性弱，可替代性强。

以操作系统作为参照物，操作系统与底层的硬件和上层的应用软件结合得相当紧密，也就是耦合性极强。无论是在 PC 上还是在手机上，用户卸载、重装操作系统的难度是非常大甚至是不可能的。但是，浏览器与其他软件、硬件的耦合性则弱得多，这意味着它的可替代性较强，用户更换浏览器是非常方便的。

第二，弱势产品往往处于强势产品的夹缝中。

浏览器首先要依赖于操作系统，才能存在于手机上，同时它的上下游还有百度、淘宝等。浏览器总体上处于强势平台的夹缝中，这也正是非常危险的地方，因为其他任何强势平台几乎都可以很自然地延伸到这个领域。事实上也正是如此，几乎所有的操作系统都是自带浏览器的，比如 Windows、iOS 操作系统都是自带浏览器的。淘宝也曾经一度跟微软合作，进行浏览器定制。

第三，弱势产品的市场竞争非常激烈，存在各种各样的竞争对手。

以 UCWeb 为例，除了面临着微软系浏览器、苹果系浏览器的冲击，还有其他像火狐、Opera、航海家、猎豹等多家对手，竞争非常激烈。

第四，弱势产品功能单一，独立生存能力弱。

一般来讲，浏览器都是给用户免费用的，浏览器平台的生存，需要由下游的搜索引擎、电商这样的强势平台来提供补给，这样就存在着受制于人的风险。

此外，弱势产品的功能一般比较单一，尽管浏览器在不断拓宽自身的功能，但是它的核心功能始终是对用户流量进行引导，导入到用户想到达的移动互联网应用中去。其他操作系统平台、社交平台、电商平台的功能综合性要远强于浏览器。

所以我们可以看到，一个弱势产品在强手林立的互联网商业生态体系中生存，是非常不容易的。当临近的强势平台进入到了弱势产品所在的市场，这些强势产品如果把多种功能捆绑在一起，就会给相对弱势的单一功能产品带来碾压性的冲击。许多时候，当单一产品用户发现综合性平台提供的功能更多，而且总成本更低的时候，肯定会转投对方门下，弱势产品原有的市场空间会迅速缩小。

对于强势平台以捆绑为手段的攻击，弱势平台往往处于非常被动的境地，它们既无力削减价格，也不能组建一个足以与竞争对手匹敌的平台。在一般情况下，被包围的弱势平台生存的难度很大，往往在对手的攻势下节节败退，除了把自己卖给竞争者，或者退出竞争之外，其他别无选择。

在互联网历史上，也是在浏览器历史上，Netscape（网景）被 IE 强势“狙杀”，就是弱势产品被“吞掉”的一个经典案例。Netscape 是由马克·安德森在上大学三年级的时候开发的一个简便的浏览程序，他当时用 6 周的时间开发出来程序原型。这个浏览器程序原型命名为 MOSAIC，安德森把 MOSAIC 放在互联网上供人免费使用，仅仅几周就有全球数十万用户下载这个程序，一年内其用户规模超过了 200 万。所以从那个时候起，人们就意识到，浏览器这个程序可能会创造一个新的行业。后来，在安德森和克莱克组建了网景公司之后，又重写所有的代码。1994 年 10 月，Netscape 开发成功，并在网上发布，不到 1 小时就被下载了数千次，而且速度要比之前的 MOSAIC 快 10 倍。Netscape 浏览器在那时增长非常快，巅峰时期 Netscape 曾经占据了浏览器市场 90% 的市场份额。但最后被微软的 IE 击败。

在微软围剿 Netscape 的过程中，最核心的策略是，在 Windows 上免费捆绑 IE 浏览器，除此之外，微软充分利用了自身的综合性优势，试图让

Netscape 在整个生态体系中被孤立，并有针对性地采取了一系列举措。当时 Netscape 的盈利模式是通过销售服务器来发布浏览器，微软采取的针对性“封杀”举措就是把自己当时的 INS 服务器与 Windows 服务器版本搭售，里面含仿制 Netscape 产品的代理、电子邮件、新闻组软件，并以非常优惠的价格销售，用以切断网景的财源。此外，微软在跟相关的服务器厂商、互联网服务商的合作中，在其授权条款中，都要求在主页面上显示 IE 的图标，并且不得加入网景的图标，否则将以涨价方式做出惩罚。微软对中小型 ISP 推出附有 ISP 品牌的定制化 IE，使不少 ISP 鼓励用户改用 IE，放弃 Netscape。还有，微软在当时收购的 FrontPage 网页设计软件中，也加入了非标准的开发标签，使开发出的网页只能使用 IE 浏览器而不能使用 Netscape。

Netscape 与 AOL 的合作失败是造成其后来被微软赶超的一个重要原因。AOL 是当时美国的一个重量级 ISP，如果这样的 ISP 能够为它的用户推荐使用浏览器，对浏览器的发展是非常有利的。而事实上，AOL 也尝试自己推出浏览器，但是没有成功，因此 AOL 势必要选择一家浏览器厂商作为自己的合作伙伴，这种局面对于 Netscape 是非常有利的，因为 AOL 与微软的 MSN 网络部门有非常激烈的竞争，AOL 骨子里对网景是有好感的，甚至早在 1994 年它就想同 Netscape 结盟。但令我们迷惑不解的是，这样的合作想法却被 Netscape 拒绝，这真是一个非常糟糕的选择。

与之相反的是，一直“虎视眈眈”的微软在策略上就显得高明得多。微软认识到，Netscape 的快速发展已经危及微软“帝国”的根基，他们的主要矛盾和主要对手是网景，微软把打垮网景作为自己的目标。微软充分看到 AOL 对于迅速推广浏览器所能发挥的作用，因此，尽管微软内部的

MSN 部门强烈反对微软和 AOL 接触，但是比尔 · 盖茨力排众议，准备跟 Netscape 死磕，而对其他对手一律暂时放过。比尔 · 盖茨甚至亲自打电话邀请 AOL 当时的 CEO 史蒂夫 · 凯斯见面，探讨双方的合作。

AOL 始终对于微软的垄断态势怀有疑虑，AOL 高层在这个时候仍然不愿意跟微软合作，他们认为 Netscape 应该愿意同自己合作，认为如果 AOL 的数百万用户天天用到 Netscape 的浏览器，这样就会遏制微软的扩张。AOL 的 CEO 凯斯主动跟网景联系，探讨两者之间的深度结盟。凯斯甚至提出 AOL 的主页浏览器可以换成 Netscape 的产品，他认为 Netscape 的网页每天有几千万的浏览量，但只是放了些 Netscape 自己公司的新闻，资源闲置太可惜了，而 AOL 在内容编排和广告开发上能力很强，Netscape 可以把这项业务交给 AOL，Netscape 只做浏览器的技术开发。

在这个时候，作为一个弱势平台，Netscape 应该认识到微软这种强势平台对于自己的强力封锁是致命的，后来的历史也证明了这一点。网景在这时候的最佳策略是，充分利用 AOL 对微软的不信任，不遗余力地与 AOL 展开积极的合作。然而，Netscape 对于 AOL 伸出来的橄榄枝的答复是："网景欢迎 AOL 使用网景浏览器，但仍要收取数百万美元的使用费，而且还要按照用户数量来收费，其他条件免谈。"现在回头审视这段历史，我们认为，Netscape 之所以提出这样强硬的合作条款，是对于自己的平台地位过于乐观了。他们认为自己的产品占有 75% 的市场份额，平台地位会始终稳固的。

而与之形成鲜明对照的是，微软为得到 AOL 的合作锲而不舍，微软提出 AOL 可以免费使用微软的浏览器，甚至愿意根据 AOL 的需求修改自己的浏览器，所以最后 AOL 的高管感慨道："看起来一直是 Netscape 在我们这儿索取些什么，而微软在向我们提供些什么。"盖茨接着抛出一个对于 AOL

来说难以拒绝的条件，那就是在微软当时主流的操作系统版本中加入一个文件夹，这个文件夹中有一个注册 AOL 服务的图标。最终 AOL 与微软达成了合作。后来发生的故事我们都已经很清楚了，那就是 Netscape 的浏览器的市场份额一路下滑，直至最终退出市场。

与 Netscape 形成鲜明对照的是 UC 浏览器，UC 同样在强敌环伺的情况下谋生存求发展，但取得的成就有目共睹。以 UC 为例，剖析一下弱势产品的生存之道。

第一，用尽一切办法提高用户规模与活跃度。

这在商业上至少意味着两件事：第一，要给用户免费使用，求得市场份额的快速增长；第二，要保证用户的良好体验，确保用户持续使用。

在中国的手机浏览器市场中，UCWeb 始终处于中国第三方手机浏览器活跃用户市场的领先地位。这显然是用户自然选择的结果，因为在整个 UCWeb 的用户中，来自手机预装仅占少数，大部分由用户自主下载。UCWeb 为了持续优化用户体验，做了非常多的工作。在 3G 到来之前，由于手机上网速度相对较慢，很多互联网内容从电脑传到手机的时候，普遍存在排版难看、速度慢等问题，当时 UCWeb 做的工作是，在每次用户点击的时候，首先把内容读取到 UCWeb 自己的服务器上，然后对页面进行压缩、把广告去掉、重新排版，最后才显示。此外，UC 还采取了很多优化技巧。比如当用户还没有打开最后一个网页的时候，通常第一个页面已经准备好了，那就推送到用户的面前，以减少用户的等待时间。这些做法有效应对了在 3G 到来前手机网速慢的问题，通过一个个微小创新的累积，优化了用户上网的体验，为 UCWeb 赢得了良好的口碑，也为 UCWeb 赢得了在手机上最大的覆盖量。

此外，UC 从开始的中高端定位，后期逐步向中低端拓展，包括与山寨机平台企业合作改换成松鼠形图标，都意味着它开始向更年轻化的客户群扩张。此外，UC 还积极进行海外的拓展，包括着手进入印度尼西亚、印度、俄罗斯等国部署自己的本地服务器，与当地的运营商、手机厂商签署合作协议，进行手机浏览器的拓展。

第二，与价值链上下游密切协作。

对于弱势产品，如果采取强有力的合作战略，将极大地促进自身发展，反之也可能会摧毁弱势产品仅有的一点先发优势。UCWeb 之所以能够迅速发展壮大，在很大程度上与它推行开放、灵活的合作策略是分不开的。

抓大不放小。在自身的浏览器导航中，一方面，为各大名站做推广，以保障用户的良好体验，同时让各大名站对于 UCWeb 的推广效果有所了解，并最终接受了 UCWeb 资源互换的合作方式。同时它又基于国内移动互联网行业大部分都是小网站的现实，利用自己跟大站合作的示范效应，对于这部分小网站进行流量交换推广合作，也就是 UCWeb 的浏览器会推广很多网站，在这些网站的首页上也会加上一些 UC 的推广链接，比如推荐使用 UCWeb 浏览器，更快速、更省流量的这一类的链接，这样使双方形成非常紧密的合作。UCWeb 在向各个中小网站导流量的同时，它也慢慢成了这些站点的主要入口，由此这些小网站对 UCWeb 也变得更加依赖。总体而言，UC 采取的是以量带量、以量养量的做法，这是 UCWeb 在合作中很重要的策略。

与大客户、大企业深度合作。当时相当多的用户，并没有自己安装手机客户端的习惯，UCWeb 想获得规模性的商业成功，必须得到电信运营商和手机终端厂商的支持。UC 对这一部分合作高度重视，它会经常对手机终端商、电信运营商进行说服工作，甚至公司的创始人“挂帅”做这种推广合作，

使自己的浏览器能够预置到这些运营商或是终端厂商的产品中去。

在融资策略上与巨头合作。从它的第二轮融资开始，UC 选择的是电子商务强势领导者阿里巴巴作为投资方，甚至最后把自己卖给了阿里。双方自然在业务上深度耦合，例如，浏览器通过让不同品牌、不同型号、不同操作系统的手机，在使用移动电子商务的时候都能够看到最佳的网页效果，同时在这个基础上，针对淘宝的页面进行了专门优化，可以保证用户浏览网店、下单和支付等一系列动作顺畅完成。此合作对于 UC 自身的价值是，作为一个弱势平台跟一个主流核心平台的合作，有利于增加这款浏览器对于客户的吸引。

第三，与强势对手开展直面竞争。弱势平台对于综合性强势平台的围追堵截不要抱有任何幻想，来自竞争对手的打击往往异常残酷。

UC 这样的第三方独立手机浏览器，也面临综合平台的强势狙击，其中非常典型的就是流量“帝国”——腾讯发起的全面赶超。UC 的竞争对策包括：

超越单一功能，持续丰富功能。

在 UC 整个产品布局中，除了浏览器外，还有桌面、影音、UC、迅雷、智能手机应用软件、来电通等几个客户端产品。事实上，相当于 UC 构筑了一个围绕自己浏览器业务的一系列防火墙，来抵御腾讯这样综合性平台的包围。此外，UC 还陆续开发手机视频、手机游戏，甚至开展向社交关系演进的布局，这意味着 UC 从一个浏览器平台，开始向社交平台摸索前行。无论 UC 的探索是否能够成功，至少表明了弱势平台可以选择一种竞争策略方向，那就是通过对平台功能的集成化和增值化，使之更加富有持久的黏性。

适时需要运用法律武器进行反击。

事实上，当强势的综合平台巨头利用自己的优势对弱势产品“狙杀”的时候，或多或少可能触及了本国反垄断法的边界。对于面临强势平台包围的弱势产品而言，诉诸法律不失为一个可选策略。占主导地位的平台提供者，如果试图以捆绑或者低价的方式对弱势平台的市场份额进行挖墙，有可能受到不当捆绑的指控。Netscape 在被微软步步蚕食的过程中，就采用了法律作为狙击的武器，对微软发起了诉讼，尽管最后 Netscape 并没有通过法律诉讼阻挡住微软的步伐，但正是由于 Netscape 发起的诉讼，使得美国司法部开始了长期针对微软的反垄断诉讼，甚至传出了拆分微软的“紧箍咒”，这在一定程度上约束了综合平台、强势平台进攻的脚步。事实上，后来雅虎、谷歌、Facebook 的成长与微软在法律方面受到的束缚不无关系。

攻击对手的薄弱环节。

在谷歌还弱小的时候，始终面临着微软的重压，但是谷歌并没有一味防守，谷歌在形成比较稳定的商业模式之后，就逐步开始推出自己的操作系统、浏览器、工具处理软件，直捣微软营收核心。弱势产品的反击战，必须要能够直捣核心，给予竞争对手的现金流区域强有力的打击，实现“围魏救赵”。

创新不容易，成长起来更难。学会由弱至强，甚至以弱胜强，这将是所有创新产品的必修课。

【案例】数字播放器：巨头包夹下的顽强生存

相信每个人的电脑或者手机上，都会有一款甚至多款数字多媒体播放器。的确，每个用户必须有媒体播放器，才能播放内容供应商在网络上发布的音频或视频文件。下面我们就来分析，多媒体播放器作为数字消费产品的典型

代表，它的产品演进和竞争格局。

我们首先要了解一下，数字多媒体平台的各个组件是如何运转的。假定你购买了一个歌手的演唱专辑电子版，并且下载到自己的电脑、手机或是音乐终端上播放。整个过程要经历以下动作：首先为了让这首歌曲能够播放，数字媒体播放器的厂商，比如苹果、微软或者是 Real Networks，要和这个歌曲版权所有者的唱片公司进行协商，达成歌曲授权协议；然后，厂商需要给版权所有者提供相应的软件工具，也就是用编解码器给音乐进行编码，由版权所有者编码之后，把这个歌曲以某种特定的格式放到服务器上；接下来，用户必须要装一个多媒体播放器，向该多媒体内容提供商购买这首歌曲并且下载到电脑、智能手机或者某个音乐终端上。在你付完钱后，服务器会把歌曲和密钥发给你，并且存储在你的播放器终端上。当你想听音乐的时候，就可以使用多媒体播放器在终端上进行播放，每次这个播放器都会从音乐中解密、解码、解压缩，然后播放音乐。

我们再回顾一下，多媒体数字播放器的演进历程是怎样的。最早，多媒体数字播放是由微软和苹果公司在它们的软件平台上引入的多媒体扩展功能，为音视频文件提供支持。苹果、微软和其他多媒体播放器的厂商一直在鼓励内容供应商，尽可能多地开放它们的内容资源。这样，这些播放器就能够读取这些数字内容并且对文件进行编码，然后将内容转化成媒体播放器能够识别的文件格式。

从 1995 年开始，伴随着互联网的发展，从新闻到音乐到视频，越来越多的数字内容被提供给消费者再由消费者下载到个人电脑中，媒体播放平台从技术上更多地关注压缩技术和流媒体技术。包括苹果、微软、摩托罗拉、Oracle、Real Networks 等技术公司，都是创建流媒体音频和视频软件的先驱。Real Networks 在 1995 年推出了 Real Video 媒体播放器，这在相当一段时间都是网络上主流的媒体播放器。随后 Real Networks 又开始增加了视频流媒体功能。苹果公司于 1998 年引入了视频流媒体技术。Adobe 公司于 2005 年发布的 Flash 播放器，逐渐成为主流视频播放器。

总体而言，在数字多媒体播放器领域，整个市场上的核心产品大体上包括 Flash、iTunes、Windows Media Player 和 Real Player，这就是若干相互竞争关系的数字媒体播放器产品。可以看到，多媒体播放器产品一边是用户，另一边是多媒体内容的创作者，两边通过多媒体播放器相互衔接，构成了一个非常典型的双边平台商业模式。

这样的平台是如何赚钱的呢？首先，几乎所有的媒体播放器客户端都是免费的，唯独苹果公司是一种非常独特的模式，它大量依赖于自身的硬件销售和歌曲下载，形成了自己的核心利润源。Real Networks 没有自己的硬件产品，它们主要的收入来源包括面向消费者消费内容，以及面向上游的内容提供商提供媒体服务软件或者服务器，这构成了它的主要收入。微软主要是通过内容，以及面向上游的版权所有者提供媒体服务软件来收取费用。

数字媒体播放器有哪些主流的商业模式呢？我们需要深入对比分析一下苹果、微软和 Real Networks。

苹果公司是一个非常极端的例子，它既有面向客户的 iPod 这样的硬件，也有自己的 iTunes 软件系统。因此它几乎是一个完全一体化的系统。它的 iPod 和 iTunes 整合了硬件和内容，不需要任何其他平台的支持，而它的文件格式也不能在别的平台上播放。与之几乎完全相反的例子是微软，它既不生产硬件也不提供内容，而是和其他能够提供这些服务的合作伙伴进行合作。而部分一体化、处于中间状态的是 Real Networks 公司，它也限制与其他

平台的开放，但并不彻底限制；它参与内容供应商的业务，但也只是部分参与。总体来看，苹果采取了完全封闭的纵向一体化的策略，微软则采取非一体化的策略，与其他平台高度兼容，Real Networks 则居于两者之间。

三者为什么形成了如此迥异的商业模式？这是由于它们自身的战略定位和商业模式的不同而形成的。苹果公司一直要保持 iPod 和 iTunes 平台的高度一体化，苹果的核心策略是建立并保持应用软件和硬件之间的紧密配合，以此来向用户提供一体化的优质体验。这种模式已经为苹果公司取得了非常显著的竞争优势，iPod 的全球销量多达数亿台，出售歌曲达数十亿首。与苹果公司相比，Real Networks 建立了一个更加开放的多媒体播放平台。它更多地参与了媒体播放器的内容提供业务，同时也积极地与有线电视运营商、手机制造商、电信运营商开展合作。微软公司建立的是一个完全开放的媒体播放器平台，Windows 媒体播放器全面丰富了 Windows 的应用，希望不断强化 Windows 操作系统的领先地位。

事实上，数字媒体播放器市场中，面对微软、苹果这样的巨头，Real Networks 面临着巨大的危险。

作为一个具有单一功能、专业化的平台，如果强大的竞争对手将多个综合性平台捆绑在一起，把它的平台的功能囊括其中，就会给单一功能平台带来实质性的冲击。而且不同平台的用户群本来就是相互重叠的，拥有海量客户资源的综合平台提供者，很容易进入并且吞并掉另外一个单一功能平台，我们不妨回忆一下 Netscape 是如何被微软通过捆绑 IE 打败的。而单一功能平台对综合平台提出的价值主张，往往只能望洋兴叹，因为它没有能力组建一个与之匹敌的综合平台，又无力削减价格。在许多情况下，被包围的单一功能平台除了退出竞争别无选择。

Real Networks 虽然是数字多媒体播放器市场最早的“霸主”，但自 1998 年开始，它在多媒体播放器领域的主导地位受到了微软的进攻。像 Real Networks 一样，微软也免费向消费者提供媒体播放器软件——Windows Media Player（WMP）。同时，微软还在它的服务器上捆绑这个流媒体软件，把它作为一个标准功能提供给消费者。简单地说，微软进攻多媒体播放器市场的策略，与当年进入浏览器市场如出一辙。不仅最终用户可以免费下载多媒体播放软件，而且媒体内容提供商，也可以免费获得流媒体服务器的服务，所以这些媒体内容提供商就很容易转换到微软的网络平台上。这场进攻发动了没有几年，截至 2003 年，北美的 42% 的互联网的用户就把 WMP 作为首选播放器，而只有 19% 的用户首选 Real 播放器。更加雪上加霜的是，Real Networks 不仅面临微软的包围，还面临着另外一个更加强大的对手，那就是苹果公司。在 21 世纪初，苹果推出了 iPod 加 iTunes 的模式之后，由于苹果可以为用户提供曲库丰富的 iTunes 的订阅服务，而且还可以从它利润丰厚的 iPod 上补贴这一服务，因此也迅速获得了海量用户的追捧。面对微软和苹果这样两个强大的竞争对手，Real Networks 既没办法提供类似微软的捆绑服务，也不具备苹果那样的硬件设计和生产能力，因此它在这场包围战中是非常艰难的。

但很了不起的是，在长达二十年的反包围作战中，Real Networks 顽强地生存下来，并且仍然保持着在主流数字多媒体播放阵营中。它所采取的商业策略值得其他产品借鉴，有如下几方面。

第一，灵活调整商业模式。

在微软的重重包围之中，Real Networks 当然不会坐以待毙。初期，它通过强化自身在媒体领域的积累寻求差异化。它不断加大对于上游内容提供

商的服务器软件销售力度，把服务器软件作为销售主攻方向。区别于一般消费者对价格的高度敏感，这些企业级客户对于网络播放的品质，以及媒体格式的多平台兼容性非常看重。相对于微软来说，Real Networks 在这个领域经营的时间更长，它可以支持 Windows、iPod 和 Linux 的平台。同时，由于当时美国媒体界的主要内容制造者七成以上都还是使用 Mac，也就是苹果制式来剪辑音乐和唱片。因此，Real Player 也得以在 Mac 使用者的荫庇下，仍然在流媒体的市场中占有一席之地。即使这样，还是有相当多的份额被微软公司所掌控。

Real Networks 于是对自己的盈利模式进行了调整。它充分利用自己和消费者以及唱片公司建立起的关系，在 2003 年推出了音乐订阅服务，建立了一个收录有 50 万首乐曲的音乐库，允许订户以每月 10 美元（约 68.82 元人民币）的价格，通过个人电脑无限量地欣赏音乐库的乐曲。也就是说，Real Networks 一改过去单纯补贴消费者的做法，转而从消费者身上直接获利。此外，Real Networks 与 CNN、ABC、BBC 和运动频道上的电视节目充分地合作，不仅提供音频下载业务，也提供视频和广播的订阅服务。与此同时，Real Networks 还进入了游戏领域，包括收购了一些游戏公司，开发了在线游戏和单机游戏，后来它也和 Facebook 合作，开发相关的社交游戏。通过这些商业模式的调整，Real Networks 的收入结构发生了很大的变化。Real Networks 的收入中超过 70% 来自面向最终消费者的内容销售额，在这里面，其中 50% 来自于视频销售，30% 来自于音乐销售，20% 来自于游戏销售。

这种盈利模式的灵活调整，是在两大强敌夹击之下，Real Networks 仍然能够生存下来的根本原因。

第二，与巨人展开战略合作。

Real Networks 公司积极地与有线电视运营商和移动通信运营商展开合作。由于消费者下载音乐或视频，都需要使用宽带，因此音乐服务事实上有助于提高宽带的使用。从这个意义上讲，多媒体播放器与有线电视运营商或电信运营商的服务是有组合价值的。从这个角度来看，运营商是 Real Networks 的理想盟友。Real Networks 公司把自己的互联网收音机产品和 Sprint 公司的移动通信服务、流媒体视频服务捆绑在一起，这些运营商也愿意花钱在手机上增加一些数字音乐的播放功能，因为这样可以降低消费者换手机的频率。同样，Real Networks 公司也和中国运营商展开了积极的合作。

第三，积极开放，建立同盟。

在苹果和微软两大平台的夹击之下，Real Networks 充分认识到，它与这两个竞争对手形成差异化的最核心的一点在于，要尽可能地开放。这个开放包括两层含义：一层是源代码开放计划，在 2002 年 Real Networks 公布了一个名为 Helix 的产品系列，包括网络平台和网络社区，其中网络社区的作用，是能够为授权的企业提供媒体播放器的底层源代码。企业用户、政府机构以及独立软件开发商都能够利用 Helix 开放资源，开发免费版本的播放器，并使之运行在 Windows、苹果 OS、UNIX、Linux 等多种操作系统之上；开放的另外一个含义就是格式兼容，Real Networks 的 Helix 产品系列几乎支持所有的流媒体格式，包括 Real Networks 竞争对手的流媒体格式，如 mov、wmv 等。甚至 Real Networks 为了最大化地兼容更多的流媒体格式，它还运用了逆向工程技术破解了 iPod 的技术，力图进入 iPod 与 iTunes 这样的封闭系统中，它可以将消费者从 iTunes 手上购买的音乐和从 Real 音乐库中购买的音乐放在同一个音乐列表中进行播放。通俗地讲，Real Networks 通过把自己彻底开放的策略，在兼容性上形成差异化，与 Windows 和苹果相抗衡。

第四，诉诸法律，寻求反垄断法律支持。

作为面临强敌包围的单一功能平台，诉诸法律在一定程度上是明智之举。占主导地位的平台提供者如果试图通过捆绑或者低价来打击其他弱小的平台提供者，有可能受到非法竞争的指控，Real Networks 公司就利用了这样的机会，把微软送上了反垄断法庭，并在 2005 年以微软赔付了 7.6 亿美元的结局赢得了这场战斗。

尽管从总体趋势上，Real Networks 的多媒体播放器的市场份额在过去二十年间处于下滑的态势。但不得不说，面临两个强大对手的包围之下，Real Networks 能够生存下来，没有像 Netscape 那样消亡，已经是很了不起的事情了。它对于微软以及苹果所采取的关键策略，也值得其他互联网产品借鉴。强敌处处有，生存才是王道。

缝隙型企业的抉择

在互联网商业生态中，数量最大的就是我们称之为缝隙型的企业。平台型企业在整个系统中占据中枢位置，为系统成员提供共享资源，并与成员分享价值。与之不同的、为数众多的缝隙型企业则致力于培养自己的专门能力，依靠平台型企业提供的资源，专注于自己垂直的细分市场，求得一席之地。

缝隙型企业是整个生态体系中数量最大、种类最多的企业群体。缝隙型企业拥有的是在其他企业构建的平台基础上创造价值和资源的能力，在缝隙中发现需求，满足需求，同时还要应对和避免在复杂的商业生态中的各种挑战和陷阱。

对于一个缝隙型企业来说，以下几个方面的商业策略是至关重要的。

第一，特有能力专业化。

一个有效的缝隙型战略需要选择一个真正与众不同，且能持续发展的专业方向来创造价值。如果真正能够形成差异化，并集中资源单点突破，这样的缝隙型战略就是有效的。

在这方面，最典型的缝隙型企业就是 Rovio 公司，这是一家于 2010 年 8 月在芬兰创立的公司。它寄生在 Facebook 等社交平台上以及 iPhone 等智能手机上，其最成功的作品就是“愤怒的小鸟”，它的商业模式包括首次下载收费、道具收费、广告支持模式、电影、毛绒玩具一系列动漫衍生品等等。此外，它还获得了风险投资机构的投资。这样的缝隙型企业通过自己在能力上的专业化，使产品有了一定的门槛，赢得了自己的市场空间。

第二，充分利用平台型企业的基础能力。

缝隙型企业要与平台型企业进行互补性的整合，以有效地利用生态系统中可能得到的各种工具、技术、服务和产品。逻辑思维事实上也是一个典型的缝隙型企业，它充分借助了几个大平台的力量，包括微信的社交传播能力、喜马拉雅的音频播放能力和优酷的视频播放能力，用足了几个大平台的基础能力，把自己的精力完全投放在内容创新上。缝隙型企业如果能用好平台所提供的丰富资源，有利于自身快速发展。

第三，快速奔跑，持续创新。

对于一个缝隙型企业来说，技术战略的核心就在于通过整合生态系统内

外所获得的各种技术资源不断进行创新，以提高在缝隙市场上的产品竞争力。这样的缝隙型企业需要能够开发出独特的解决方案，并将之与企业内外部的关键资源相整合。比如寄生于安卓开放平台的 DroidHen，通过与平台的紧密衔接，这个企业开发了著名的游戏“切水果”，始终保持在安卓市场的排名前列。在整个安卓市场排名靠前的应用中，有许多是该公司的产品。

缝隙型企业发展过程中，一个核心问题是如何处理它和整个生态体系特别是平台型企业的关系，在这方面有两个突出的挑战。

第一个挑战，缝隙型企业所寄居的商业生态中，它选择一个平台进行寄居还是多个平台寄居，这是一个风险与效益的权衡问题。

如果一个缝隙型企业所处的生态系统中，有一个非常强大并且值得依赖的平台型企业，那么这个缝隙型企业就没有理由与多个平台合作。寄居一个单一平台，会使缝隙型企业获得非常强的规模经济效应。但是，如果它所寄居的平台企业存在倒闭的风险，或与之合作会有可能套牢，或者这个平台不可能提供足够大的市场空间，那么缝隙型企业就要与多个平台建立连接以保持多样化。

今天，对于中国移动互联网领域的缝隙型企业来说，同样面临此类的选择题。如果简单地寄居于某一款平台，那么一旦这个平台失去了用户的青睐，或者是与所寄居的平台发生矛盾，顷刻间便会兵败如山倒；如果寄居于多个平台，相当于把风险进行分散，与此同时意味着开发成本会显著上升。

今天，对于一个移动互联网的缝隙型企业来说，在这个问题上需要审慎考量。从操作系统平台上来看，当前的主流平台包括 iOS 平台、安卓平台等。除了操作系统平台之外，缝隙型企业在应用平台方面，也存在多种选择，比如淘宝、腾讯、新浪、360、百度等。

一般来说，寄居于一个单一平台风险过大。以全球知名的社交游戏公司 Zynga 为例，这家公司在即将首次公开募股（IPO）的时候，被发现的一个结构性问题在于，它们对于 Facebook 的依存度过高，几乎达到了 99%。因此，当 Facebook 的用户量开始增长放缓的时候，它的业务就会同步受到影响。同时，由于过度地依赖 Facebook，被迫要向 Facebook 交纳较高的平台费用，因此陷入了利润不断下滑的困境。从这个意义上讲，把鸡蛋放到不同的篮子里面，比放在一个篮子里面更好。

但多平台寄居面临的挑战是多平台开发及运营的投入问题，这个对于很多小型的缝隙型企业是不小的考验。因此，对于一个缝隙型企业，总体而言选择多平台战略是一个比较明智的选择，与此同时，要始终权衡是多点开花式合作还是重点深入式合作。

第二个挑战，来自于耦合强度的选择。

缝隙型企业如何让自己能够免受平台套牢，或者是免受平台企业衰败的威胁？最关键要素在于缝隙型企业要处理好与平台型企业交互中的耦合强度。

对于一个缝隙型企业来说，紧密耦合，意味着它要开发出专用的资产，以更好地利用平台的资源。相应地也意味着，一旦它选定某个平台，它自己也面临着非常高的转换成本。相反，松散耦合，则意味着低程度的资产专用性，从而可以使缝隙型企业轻易地从一种合作关系转移到另一种合作关系中。

尽管紧密耦合关系具有更高的效率，但是紧密耦合对于缝隙型企业而言风险很大。因为缝隙型企业与平台企业耦合越是紧密，被套牢的可能就越大。如果耦合的强度过高，在技术和商业模式的重大变化面前，缝隙型企业就会变得非常脆弱，这就是所谓的“覆巢之下岂有完卵”。对于缝隙型企业来说，一种常见的失败是它与某个核心企业连接得太过紧密。例如，伴随着塞班系

统呈现出的颓势，所有寄居于塞班系统相关的应用，必将面临客户流失这样非常严峻的挑战。数据显示，在软件行业中，依赖多平台的企业比依赖单一平台的企业有更高的净生存率。

再看一下松散耦合。对于缝隙型企业来说，在一个生态系统中基于松散耦合使得双方的关系更加健康。事实上，松散耦合意味着缝隙型企业与平台型企业之间只保持一个最低限度的界面关系，这意味着自己受侵犯的可能性大大降低。松散耦合对于缝隙型企业有着极大的意义，意味着自己不再轻易地受到套牢或者是技术换代的威胁。在松散耦合系统中，由于联系界面比较透明，受侵袭可能性较低，因此缝隙型企业更容易改变自己以应对技术环境的巨大变迁。或者说，这意味着缝隙型企业能够轻易地变身，以另外一种方式开展业务活动。

回顾在过去 20 年间，无论是软件行业、互联网行业还是移动互联网行业，缝隙型企业被平台型企业最终吞噬的案例比比皆是，比如被操作系统吞噬的多媒体播放器、浏览器，被互联网的大平台所吞并的游戏、无线增值业务等。因此相对来说，我们认为保持松散耦合，降低耦合强度，降低自身对于平台的依赖，是缝隙型企业重要的战略原则。

缝隙型企业始终受到平台型企业的潜在威胁，要掌握自己的命运，大体上可采取以下三种策略。

第一，借助新兴技术，摆脱平台控制。比如利用 HTML5 技术。当缝隙型企业的产品需要更新的时候，可以通过自身的后台服务器直接向用户提供服务，从而绕开了核心平台可能设置的限制。缝隙型企业只有让自己的应用容易进出，不被控制，才真正地拥有自己的话语权。

第二，建立起强社交关系。可以注意到，越来越多的移动互联网的应用，都在不断地增添自己的社交要素或者建立自己独有的社交关系，其目的都是要摆脱核心平台的控制。

第三，如果一个缝隙型企业真正拥有与众不同的特质，可以更进一步，自己创建平台。举例来说，随着逻辑思维的影响力不断提升，它已经从一个缝隙型企业，逐渐变为其他企业的平台，可以帮助其他企业的商品，快速地发布到用户界面上，也就是作为其他企业的营销推广或渠道平台。通俗地讲，从缝隙型企业到平台型企业，所遵循的就是由挖金子转为卖水的商业策略。

撤退也要讲策略

在竞争激烈的互联网江湖中，有企业胜出，同样也不断有企业被淘汰。对于要退出的企业来说，退出也是有策略有技巧的。把业务关闭，任由用户流失，这只是商家最后的选择。事实证明，有策略地退出，能在一定程度上帮助企业完成最后的反击，要么扭转颓势，要么规避损失。

第一种退出策略，如果平台所处的市场并不是突然崩溃，而是一个缓慢流失的过程，那么在这样的过程中，企业完全可以选择在稳固既有市场的基础上，逐步地将自己的核心能力转移到新市场去，争取捕捉新的商机，完成自我救赎。

在这方面最典型的案例，首推山寨机市场的 MTK 平台和手机中间件平台。山寨机市场一度规模极其庞大，起关键作用的平台有两类：一类是 MTK，它扮演了一个手机中的系统集成商的角色，以提供交钥匙方案

（turnkey）的方式帮助众多的山寨机厂家，使这些厂家可以很快完成一款山寨机的开发上市；在 MTK 平台之上还有一类平台，也就是手机中间件平台，它帮助互联网公司把应用预装到手机之中，由于在 2G 时代用户无法自主下载应用，因此往往预置的应用就构成了山寨机用户的主要应用。这类中间件平台所起到的作用就是架构于 MTK 平台基础之上，把山寨机和应用开发商衔接起来。在整个过程中，各方进行利益分配。

但是，随着市场快速进入智能机时代，山寨机市场增速放缓甚至逐渐缩小，但市场的绝对规模依然不小。市场的坍塌不是突然发生的，这样给 MTK 平台和中间件平台都提供了一定的时间，让它们在稳固既有市场的同时，逐步转移到新的市场，事实上它们也是这样做的。

以从 2G 切换到 3G 时的 MTK 为例，在取得了山寨机市场的辉煌后，面对增速不断放缓的情况，MTK 选择了积极的自我救赎策略应对下滑。其一是，争取在 2G 智能机市场继续选择推行 turnkey 模式，保住业务基本面；其二是，在 2G 智能机市场、3G 功能机市场和 3G 智能机市场分别选择继续推行自己的 turnkey 模式。

从结果上来看，实际上对于 MTK 来说，稳固既有的 2G 山寨机市场的同时，选择切入低端的 3G 功能机是最佳的反击策略。这里所谓的 3G 低端功能机市场实际也是基于 3G 的智能机，但是仍然以预装而并非鼓励用户自主下载，也就是说实际也还是 2G 功能机的使用方式，这是 MTK 一条可行的道路。在其他方向上，MTK 始终严重受制于高通的专利授权。不管怎么样，MTK 所创造的 turnkey 模式，仍然有一定的增长空间，毕竟庞大的用户基数也给它提供了走出困境的基本利润源。

对于山寨机的中间件厂商，它们在智能机时代面临的最大挑战是，3G

智能机与普通功能机最大区别是选择权不再由厂商决定，也就是说不再是由厂商预装而是完全由用户自主选择。这些山寨机的中间件厂商，大部分在功能机时代在闷声发大财，没有形成自己独立的为用户所熟知的品牌，因此在进入用户自主选择的时候恰恰无人知道，这是最大的问题。因此对于这些中间件厂商来说，最主要的策略是上移，也就是把自己变成一个衔接用户、开发商和智能机的新的中间件平台。比如典型的中间件厂商斯凯网络，就是通过像冒泡这样的社区，打造自己的应用程序商店，把以前潜伏在手机里的预装平台，变成一个逐渐被用户所熟知的，为更多厂商可以接受的显性化平台，来完成自己的战场转移。

第二种退出策略，在既有平台已经不可能取得增长的情况下，通过资产售卖的形式保障股东的权益。

这样的例子在互联网时代比比皆是。比如在视频平台领域，酷 6 网把自己卖给了不断扩张的盛大，56 视频把自己卖给了网易，因为它们已经不可能成为这个市场的领先者，甚至丧失了上市的机遇，而它们所具有的核心资源却是行业领头羊或觊觎整个领域的巨鳄所需要的，因此把自己的优质资源通过打包售卖，是无奈情况下的最优选择。比如在社交领域，ChinaRen 等也是通过这样的形式实现了创始人的利益最大化，把自己纳入到互联网巨头的业务组合中去。

第三种退出策略，作为一个独立业务而言事实上已经消亡，但是企业把这款产品开发和运营过程中所积累的能力和人才，并入到内部更有前景的业务平台中去。

比如百度，尽管关闭了百度“有啊”，但是电子商务始终是百度整体战略中重要的一环。在开发和运营百度“有啊”的过程中，百度获得了对于电子

商务非常宝贵的经验，在这个过程中所积累的知识、能力和人才，相信也能在百度未来业务的组合中发挥作用。

新浪也是如此，在取得巨大成功的新浪微博之前，新浪试图推出自己的SNS产品——新浪朋友，尽管这个SNS平台最终被决策层所否决。但是新浪微博的成功，很大程度上依赖于新浪在探索SNS产品中所积累的宝贵的知识和人才，这为后来新浪微博爆发式的成功奠定了一定的能力基础。创新，本来就是一个试错的过程。

第四种退出策略，当一种平台资产确实已经在处于一个明显的下滑通道中的时候，作为失势者的最后一步，就是选择把它彻底免费，对外开放。

这里面彻底开放的意思是面向开发者彻底透明并且免费试用，争取通过这一点，让平台能活下来。

在这方面的例子也非常多，比如诺基亚的塞班系统，一直以来是诺基亚的核心操作系统，但是在安卓、iOS的夹击之下，塞班伴随着诺基亚销量的滑落，显现出明显的颓势，诺基亚最后的选择就是把塞班彻底开放。同样还包括惠普的WebOS，在基于WebOS的产品推出失败之后，惠普已经看到了WebOS的前景渺茫以挽回，于是把它开放。Netscape浏览器也是如此，在微软IE的强压之下，Netscape的销量一路下滑，它最终的选择也是将自己开放。

下滑这种势头一旦出现，就意味着平台开始被开发者所抛弃。因此客观地说，这种最后时刻的开放，也往往难以遏制住下滑的颓势。

互联网江湖竞争这么激烈，胜败乃兵家常事，胜有胜的道理，败也要有败的章法。

硬球

“硬球”这个词，顾名思义，在体育运动中，意味着投掷速度为 100km/h 的头侧球把气焰正盛的击球员逼出本垒。在商场上，“硬球”指企业强硬而有效的竞争策略。硬球策略一般用于极其残酷而且紧张的时刻，其目标是急剧改变竞争地位。

第一，摧毁对方的利润宝地。

任何企业都会有自己的利润“宝地”，这是一个公司赚钱最多的地方，在此积累财富，为长远发展奠定基础。如果有对手开始入侵你的某个领域，你的对策就是狠狠地打击它的利润“宝地”。

在互联网时代，直捣对方利润“宝地”的打法比比皆是。例如，阿里巴巴推出淘宝，运用免费策略击败了 eBay 中国；360 运用免费策略，迅速击垮了瑞星等传统杀毒软件公司；亚马逊的 Kindle 为了打破苹果 iPad 割据垄断的平板电脑市场，采取了低于成本价的方式售卖；乐视在电视机的定价上，对同行采取了积极的攻击策略；微信的推出，又直接撼动了电信运营商的短信和语音市场地位。

直捣利润“宝地”的方式，对竞争对手进行强有力的打击，迅速地壮大自己的市场规模，是互联网企业屡试不爽的基本策略。

第二，模仿，然后超越。

在中国互联网市场中，后发制人的策略被巨头们频频使用。在一些非主业方向上，巨头们采取跟随策略，通过跟随先行者进行有价值的商业尝试之

后，再迅速拿出资源，跟进拓展。

在这方面最典型的就是腾讯。对于其他中小型移动互联网创业者，它通常都采取跟随策略，当发现这个方向有利可图之后，就快速资源聚集，利用自己的用户规模优势快速赶超。比如说即时通讯应用，实际上并不是腾讯最早做的，但是腾讯的微信推出不久，就成了最主流的应用。在浏览器市场也是如此，UCweb在建立起手机浏览器的领先地位之后，腾讯浏览器快速跟进，并且快速地占据了一席之地。腾讯在游戏、视频等方面的强势跟进，也体现了这样一个特点。

抛开道德上的评判，从商业本身来考察，这反映了互联网商业模式犬牙交错特点。所以，互联网比拼的不仅是大小，更是快慢。如果一个商业构思不能很快转换为规模优势和盈利优势，就很难抵挡得住后来者的借鉴和超越。

第三种，借助同盟军的力量打群架。

这一点在CPU领域表现得非常明显。可以看到，当前真正在撼动Intel统治性优势的就是ARM。ARM本来与Intel不是一个量级的对手，ARM只是进行CPU里面的IP核设计的公司，并且以收取相应的IP核的授权费用为收入源。那为什么在智能手机领域，ARM远远领先于Intel？

很重要的一点是，ARM和它的同盟军形成了一条强大的价值链与Intel作战。ARM始终保持着自己在价值链上作为一个IP技术供应商的定位，它的下游聚集了一系列如高通这样的芯片设计和制造公司，它举整个价值链之力与强大的对手周旋。事实上，ARM运用这样的策略，也暗合了合作伙伴的普遍心理。因为在PC时代，整个PC体系被Intel已经统治了很多年，市场上的绝大部分利润价值都流向了微软和Intel。在进入到智能机时代后，没有哪个市场参与者希望继续维系这样的局面。从某种意义上讲，ARM充分利用了市场上各种商业力量的这种心理。

同样的案例也表现在安卓操作系统上，为什么谷歌的安卓操作系统现在成为了主流的智能机操作系统？这事实上也是缘于在 PC 时代，整个产业生态被 Wintel 体系控制，人们对于微软存在一种本能的抗拒与反感。而安卓的另外一个主要竞争对手苹果，恰恰是一个封闭体系。因此，大批巨头凝聚在安卓的阵营之下，形成了自己的同盟体系。

第四种，聚焦力量，快速出击。

在竞争中，要形成巨大的压倒性力量，必须把力量集中。理论上你可能有优势，但这种优势真的可以很容易地迅速获得并聚焦在一个点上吗？你的公司各个部门力量的总和，能在战斗中形成合力吗？意欲重拳出击的公司必须做好准备，在短时间内凝聚资源、全力以赴。

在 B2B 市场建立优势的阿里巴巴，在进入到 C2C 市场之前，就凝聚了各部门的精英资源，采取封闭开发的方式，通过秘密上线运营，为淘宝的上线进行了大量的周详准备，加上商业模式的创新性，淘宝一经推出，很快对 eBay 的市场发起了颠覆性的超越。

同样的事情也表现在新浪微博上。在新浪微博推出之前，新浪事实上已经被移动互联网第一阵营抛下，赶超上很艰难，微博是难得机遇。但是新浪能做微博，别人也能做微博，为什么新浪能取得如此巨大的成功呢？现在回过头来看，新浪微博取得巨大成功很重要的原因并不在技术上，而在于新浪微博能够在短时间内实现资源聚集，比如说为了争取把博客上的名人迁移到微博上，新浪几乎动员了全公司所有的人，与明星名家签约；不遗余力地与自己的内容优势相结合，以求得通过信息丰富性来实现微博的快速扩散。

所以，聚焦策略，与其说是一个商业模式策略，不如说是一个资源和执

第3章

如何切入用户行为深处，在时间战场胜出？

【案例】O2O 的胜负逻辑

O2O 平台指的是 Online to Offline，也就是在现实世界中商品或者服务，与线上的相关服务建立起关联的一种移动互联网商业模式。我们可以从三个角度来理解 O2O。

第一个角度是指 O2O 把线上的消费者带到现实的商店或者服务中去，也就是在线上查询、支付、购买线下的商品或者服务，再到线下去享受服务，这是对 O2O 的第一层理解。

第二个角度是在电子商务发生的过程中，电子商务由信息流、资金流和物流组成，O2O 的特点是把信息流和资金流放在线上进行，而把物流放在线下。直观地看，那些无法通过快递送达的有形产品或者无形服务就恰恰是 O2O 的强项。

第三个角度是指 O2O 体现了移动互联网时代对客户端到端体验支持的

重要性。这里所谓的端到端，是指从消费者搜索并且发现自己有需求的商品或服务，到交易和购买，再到交付使用该商品或服务，直到最后的再消费或者分享，这样一个完整的过程。总体而言，O2O 平台是对于移动互联网时代消费者端到端体验的支持和强化。在这个过程中，O2O 平台存在大量的、各式各样的细分商业模式。

O2O 的模式非常多，比如通过移动互联网买卖二手货，通过移动互联网买房租房、找工作、找酒店、找旅游目的地、找餐馆等等。伴随着移动互联网所带来的移动化、位置化和社交化，O2O 的商业模式越来越多，有必要为 O2O 平台建立起一个完整的分析框架，并从中识别出 O2O 平台得以成功的关键策略。

分析一下用户的完整消费行为链条，一般而言，一个用户，完成一次完整的 O2O 消费动作，一共需要 4 个环节。第一步为搜索和发现；第二步是交易和购买；第三步是交付和使用；第四步是再消费和分享。

“搜索和发现”是指消费者具有了某种需求之后，不经意间发现了他感兴趣的某种商品或服务，那么他可以通过进一步的信息查询，或者通过征询网友的意见，进一步锁定自己的交易需求的一个过程。

“交易和购买”是指消费者锁定了自己的购买意愿之后，所完成的支付动作或者购买动作。

“交付和使用”是指消费者到达现实世界中的商店，例如咖啡店、酒吧、健身房、餐厅、加油站、发廊等，去体验自己所需要的服务，或者是获得自己需要的商品这样的一个过程。

“再消费和分享”指的是消费者在使用的过程中，所衍生出新的消费欲望得以满足的过程，以及把自己在整个消费行为链条中的体验，通过移动互联

网手段与他人分享的过程。

总体来看，以上 4 个步骤就构成了消费者在移动互联网时代完整的消费行为链条，而这样的链条也有益于我们建立起对 O2O 平台商业模式的完整理解。

第一，在 O2O 的搜索和发现环节，消费者运用移动互联网手段，通过搜索、阅读、比较、筛选来锁定自己有购买欲望的商品或者服务。

按照场景对用户需求进行分析的话，用户主动搜寻服务是典型的 O2O 场景。比如消费者要打车、买房、叫外卖、找工作、找酒店、找餐馆等，对应需求驱动型的 O2O 商业平台模式中，比较典型的如 58 同城、滴滴打车、饿了么、猫眼，等等。

以 58 同城为代表的分类信息产品为例，其基本特点是实用，以满足消费者个人生活实用信息为主。大量资讯或广告放在一起，形成网上各类消费物品和服务的超级市场，方便消费者比较选择。此外，分类信息平台的信息发布价格低廉，甚至部分是免费的，即便在收费的部分，相对于其他传媒而言，价格也是便宜的。分类信息网站还具有自助特点，相当多的内容由用户主动填写，每个帖子还可以通过回帖的形式，或者通过垂直社区互动的形式进一步完善。分类信息平台所拥有的大量信息以及黏着的大量用户，使得它的商业模式具有较大的延展空间。比较自然的延展是指分类信息网站可以沿着这个消费者的搜索行为往后走，也就是逐渐走向交易购买环节，例如进入二手商品交易这样的商业模式。还有一种可能的延展是沿着消费者的搜索行为向宽处走，例如进入到短租、求职、婚恋介绍等领域。

价格比较，一度成为非常典型的 O2O 场景。比较购物搜索是一种专业化的垂直搜索引擎，它主要通过海量商品信息的采集和整理，向消费者提供可对比的商品资讯。这种购物搜索引擎与一般的搜索引擎主要区别在于，它可以进行商品价格的直接比较，而且可以对产品和在线商店进行评比，这种评比往往对消费者的最终消费决策产生较大影响。而且作为在搜索和发现环节的筛选者，专业化的比较购物搜索会对产品的质量进行评估，确保用户购买的商品有质量保障。这种比价搜索网站一般不收取用户任何费用，而是从消费者所点击进入网站的购物支付中赚取收入，后端的商家要么缴纳这些比较搜索网站的摊位费，要么为比价搜索引擎带来的流量付费。

在国内最著名的就是“去哪儿”。在国外，同类的网站也有很多，以日本的价格比较网站 Kakaku 为例，它是日本最大的比价网站，有五分之一的日本人在买东西之前都会先上 Kakaku。日本的线上电子商务和线下实体商务之间已经达成了较高程度的互通，线下商家在 Kakaku 平台上挂出的商品，用户可以马上在线上跳转到商家的电子店铺或者直接到实体店铺购买。由此，Kakaku 成了一个连接用户、厂商的信息汇聚平台。厂商为用户提供商品信息以及价格信息，让用户在一个平等的尺度下进行价格比较，同时用户的商品评论也为商家提供有价值的反馈，也为后续买家用户提供第一手指南。通过这个过程，Kakaku 也获得了大量的消费者购买行为数据，经过整理分析之后可以对厂商进行销售，因此，它也就具备了面向用户行为提供定向细分广告数据的基础。

团购也是典型的价格驱动型 O2O。广义上的团购，不仅是电子市场加到店消费的模式，也拓宽到传统电子商务的电子市场加物流配送的模式。总体来说，团购通过网络线上获客，消费者通过网络付费并到线下接受服务。即使这些年电子商务狂飙猛进，中国电子商务总额占社会零售总额也只有 15% 左右，也就是说线下基于实体的消费比例仍然高达 85%，那么将线上的客源

与实体店面消费进行对接，在商场、餐厅、电影院、美容美发店、KTV、健身房、干洗店、加油站等各类场景中，O2O 团购仍然有较大的发展空间。当前团购也正在发生商业模式的变化，比如从短期促销慢慢转向了长线的消费，也就是把团购网站、消费者、商家由短期关系变为长期关系的保有，不希望消费者只是一次消费，而是希望长期保持客户忠诚。

用户在购物前听取前面用户的经验介绍，也正在成为一类重要的 O2O 场景入口。这里面的典型的代表首推大众点评网。大众点评网是一个独立的第三方点评平台，它始终强调自己只是一个社区，允许食客们对自己光顾过的餐厅发表看法。它通过第三方的评价吸引消费者，从而吸引餐厅加盟。网站会根据客户 IP 地址自动显示区域首页，为用户提供所在地区的餐饮信息，而用户能以排行榜作为起点，通过种类、地区、价位等各种标准，开始自己的美食发现之旅。从本质上讲，大众点评网作为典型 O2O 模式的一种，事实上就是在搜索和发现环节，通过大量曾经的消费信息帮助消费者降低搜索成本，有效找到自己的目标消费场所。

在旅游领域，此类点评类的 O2O 模式出现得也越来越多。以蚂蜂窝为例，它定位于给旅行出发前的消费者提供搜索和发现服务。蚂蜂窝希望把具备点评内涵的旅游攻略做到极致，并且在某种程度上延伸消费者的旅游体验。一方面它也是采用 UGC 的模式，把用户提交的一手信息做成类似孤独星球这样的精美手册，内容包括交通、美食、住宿、购物，然后发布到网站上供用户免费下载。另一方面它还设立了分舵形式，在各地组织了一批对目的地非常熟悉，又非常了解旅行需求的热心用户作为分舵主，依赖这些分舵主来维护和更新内容，用户总能从这些攻略中找到自己感兴趣的旅游攻略。

用户所处的位置，也逐渐成为典型的 O2O 日常场景。用户所在的社区里、办公楼里、地铁里、商场里，会出现越来越多的广告型“虚拟超市”。这些广告每个商品下面都有二维码，消费者可以通过扫描二维码后直接用手机购买，确认数量、填地址、下单，当天这些商品就可以送抵用户处。这种虚拟超市利用了用户的碎片化时间，一般不挑选那些需要用户进行详细遴选和比较的商品，而是尽可能选择日常生活用的频度比较高、购买比较频繁的商品，这样适合节奏很快的大都市人群。在布放选点上，要考虑客流密集以及便于观看的地方。由于每款商品的购买都与二维码相关，因此可以在虚拟货架的二维码中植入追踪信息，这样后台可以统计出每个地铁站乃至每块广告牌的使用率是多少，分析不同位置人群的消费习惯，如对哪一类商品更敏感、钟情于哪些品牌等，还可以通过用户的购买行为关联到用户过去的搜索、购买的相关信息，建立用户的消费行为模型，进行个性化的商品推荐。

沿着这样的思路推广下去，理论上讲消费者在任何场景中，都可以与周边的各种各样的商品和服务资源产生交互和连接。产生交互和连接之后，如果叠加上前面提到过的分类信息、搜索比价、点评查找，那么可以极大地丰富用户在场景中的消费体验。

第二，在 O2O 的交易和购买环节，这个环节的创新本质，是支持用户便利地完成交易。

有一些 O2O 应用是辅助交易完成的，比如安居客。一般而言，人们与房产之间要通过房地产中介来完成，也就是很久以来就存在从用户到房产中介再到房产资源这样的交易模式。安居客商业模式的本质是，它插在消费者与房产中介之间，成为了中介的中介。它的平台的一边，供房地产中介人员发布各种各样的房子售卖或者出租的信息，平台的另一边则是大量的消费者。它承担的是一个房产中介信息发布平台的职责，它使消费者能够按图索骥地找到相应的房产中介，对自己想要的房子进行进一步接洽。安居客给消费者提供的服务就到此为止，并没有介入到交易和购买环节，后续消费者发生的任何交易购买直接与中介进行，安居客不再介入。

另外一种 O2O 模式是直接介入交易购买的。或是通过在线预付，在实际的交互使用和体验之前就发生支付行为，或是通过到付，在货到之后或到现场之后付款，包括美团、饿了么、携程等，都是直接介入交易购买之中，并且同时支持预付、到付、分期付等多种形式。

O2O 交易的爆发性增长，其实得益于电子商务基础设施的日益完善，如今，越来越多的用户已经能够娴熟地运用支付宝、微信支付等手段，在线支付已经成为人们越来越高频的应用。除此之外，发达的物流网络，能够满足用户的预期把货物送达，百度外卖、饿了么等送餐服务基本上能确保 30 ~ 40 分钟送达。甚至人们还不大注意的是，中国的道路状况、治安状况，能让快递员毫无障碍地把货品送达用户处，所有这些，都是 O2O 快速发展的重要基础环境。

第三，在 O2O 的交付和使用环节，也蕴藏了大量创新的空间。在整个 O2O 模式中，“搜索和发现”“交易和购买”两个环节是通过线上（Online）来完成的，“交付和使用”开始大量涉及线下（Offline），消费者在完成在线数字体验之后，要开始跟现实世界中的物质资源进行融合联系。整个服务和商品的交付及使用是在这个环节中完成的，用户对于一项 O2O 服务是否满意的关键也在这部分。因此，在交付和使用环节，所需要完成的任务就是在这个环节让用户最便利、最顺畅的获得优质的体验。

比如旅游，这个过程中催生出的 O2O 的商业模式，其重点在于在服务的过程中，是否为用户提供足够优质的支持。在一个消费者旅游的过程中，即便前期进行了非常完备的计划，到达目的地之后还会遇到各种各样的问题，同样需要很好的途中服务。比如链景旅游，就聚焦于旅游者途中服务。如果一个消费者对于旅游景物感兴趣，扫描链景旅游的二维码，就可以听到关于景区的讲解或观看视频，随着链景旅游覆盖的景区不断增多，为游客提供了愈加丰富的景区导游服务。再例如蚂蜂窝，除了大量的攻略之外，还可以帮助用户规划参观的线路、播报景区天气，介绍历史人文背景、特产、开放时间等，消费者可以利用它签署行程足迹，将自己的旅行行程再分享出去。蚂蜂窝还通过对用户旅游兴趣点的深度采集，推出基于旅游兴趣点的微攻略、景区点评等功能，用户可以查看谁曾经来过，谁在附近，使整个旅游过程充满趣味。

如果在电子商务中改变送货上门的传统思路，变成人向商品靠近的思想，同样会产生一些很好的O2O商业模式。比如O2O网站与优质食品和传统商超的合作。以现碾米领域的领导者“先农氏”为例，消费者可以通过二维码进入商城下单，购买“先农氏”的优质现碾米，到附近的超市网点去提取商品或等待送货。如果消费者转发二维码，吸引更多的用户加入，还可以获得销售奖励。这种模式在赢得客户优质体验的同时，也激发了用户参与的乐趣。

另一个值得关注的案例是厦门的手礼网。厦门作为一个著名的旅游城市，很多旅游者在旅游的过程中会购买礼品。手礼网选择的是一个非常有趣的模式，它在厦门机场放置了相当多的厦门市内导游图，这些导游图除了地理信息之外，还包括各种特色商品介绍以及手礼网所能提供的价格。消费者在领取这样的旅游攻略之后，在旅游的过程中，如果遇到心仪的商品，可以随时与这个价格进行对比，如果发现手礼网的礼品确实更便宜，用户可以随时通过网络或者通过热线电话进行订购，最后在离开厦门的时候到机场领取。这

个模式主要面向乘坐飞机到达厦门旅游的客户群，在这个过程中提供了旅游资讯、比价、在线订购，以及在机场固定地点的交付服务。

第四，在O2O的“再消费和分享”环节，通常是企业延伸商业模式的重点所在。越来越多的O2O应用，切入一些细分群体的特定场景。例如健身锻炼、舞蹈训练、夜店娱乐、极限运动等细分领域，都已经或将会出现O2O细分应用。以夜店娱乐这个特定群体的O2O服务为例，它除了提供用户夜店交友、夜店点评和夜店排行榜服务之外，更重要的是从长期O2O体验考虑，面向潮人群体办派对、卖酒卡、订位置、品牌秀等服务。从这个意义上讲，聚焦于夜店的移动互联网应用只是一个切入点，从长期来看，事实上是要打造一个面向潮人群体持续服务的O2O模式。大部分细分型O2O应用都遵循了这样的策略思路。也就是说，用户在O2O体验中，尽管初始需求只是聚焦于某一类商品或某一类体验，但商家通过激发用户完整消费需求，可以进一步挖掘用户价值。以携程网和艺龙网为例，从最早的预订酒店、机票到团体游产品，这些在线旅游服务商一直在向更深入的旅游体验延伸，甚至结合了团购、C2B、酒店扫尾等方式，不断地进行着商业模式延伸。

前面所提到过的“虚拟超市”也是一样，不仅是要服务好当前使用虚拟超市二维码的用户，还要建立起对用户的搜索、收藏、购买等行为痕迹信息的持续积累，并且通过对于用户消费行为模型的分析，使得整个平台真正能够做到面向用户的个性化的商品推荐，把一次性购买用户群，逐渐积累成为长期稳定的规模性客户群。

面向一个特定人群开展的再消费服务，或者是面向一个特定消费群体建立起完整的一揽子的解决方案，也正是许多O2O模式的商家所持续努力的方向。在这个过程中，它们通过再消费和分享的需求挖掘使得整个消费者的体验链条形成了有力的闭环。

前面我们系统地梳理了互联网时代用户的整个消费行为链条，从搜索发现、交易购买、交付使用直到再消费及分享，O2O 平台模式的本质就是面向用户消费行为链条提供整体支持的模式，并且通过信息流、资金流、物流的有机整合，实现了线上资源和线下资源的有序衔接，帮助客户实现完整的闭环体验，从中实现相应的价值回报。因此，O2O 平台模式得以成功的关键在于，对于客户在移动互联网时代全消费体验链的端到端支持，包括需要帮助用户进行便利的搜索、比较、甄选及发现，需要帮助消费者进行便利的实时的移动支付，使之得到质量可靠的交付和体验过程，以至让消费者能够通过社交化的方式持续忠诚并且再消费。

最后我们对 O2O 平台化商业模式进行一个全面梳理和总结。

O2O 平台的一边是海量规模的用户，另一边则是线下的资源，包括提供服务的实体资源以及提供商品的各类企业。O2O 平台周边还包括其需要的辅助性的支持力量，包括搜索引擎、LBS、支付、社交媒体等多方支持力量，多方商业力量构成了这样一个完整的生态体系。平台的基本作用是实现规模性用户与线下实体资源的对接，并且借助辅助支持的力量，使消费者在消费体验链过程变得完整和富有趣味。

从平台的架构与机理角度看，O2O 平台的跨边网络效应是非常明显的，也就是平台一侧的用户增加会带来另一侧用户的增加，在 O2O 的一侧，如果消费用户增加会刺激商户的增加，这一点最典型的比如团购，如果能凝聚更多的消费者，就会有更多的商家加入。而如果商家资源不断增加，也会给消费者提供越来越多的选择，有利于消费用户的增加。

但 O2O 平台的同边网络效应则在两边各不相同。对于商户这一侧，同边网络效应是非常显著的，如果有一个商户加入到 O2O 平台获益的话，会直接刺激其他同行商户加入。但是对于用户这一侧则未必如此明显，这首先是由于 O2O 的模式众多，相当多的模式指向某一个细分的客户群，因此同边的网络效应并不是如此显著。另外一点也可以看到，O2O 模式在每一次消费体验中，实际上是面向个体消费者的，消费者与消费者之间并不必然地构成彼此的影响。因此从这个意义上讲，O2O 模式在用户意义上的同边网络效应远远没有像社交平台那样明显。这也反向说明了，为什么 O2O 模式越来越多地需要叠加社区要素，以不断增强其黏性或者是增强它的同边网络效应。

接下来我们继续考察 O2O 平台中的多属现象，所谓多属，也就是平台对于用户的黏性，用户是始终忠诚于同一个平台，还是可以并行选择多个平台。O2O 平台带给两边用户的多属效应是不一样的。对于用户侧来说，多属现象是比较普遍的。无论是分类信息、点评还是团购，用户往往会期望通过参与多个 O2O 平台受益，用户始终在不断寻找更好、更划算的 O2O 平台，因此多属现象在用户的一侧是比较显著的。而在商户一侧，多属现象相应弱化一些。商户会始终遵循马太效应，选择能给自己带来最大收益的 O2O 平台开展合作，比如一个酒店在选择携程网还是选择途牛网的时候，由于携程网近乎垄断的力量，酒店多数会选择与携程网合作。换句话说，在这个过程中，由于平台之间的竞争关系，有的时候会限制商户这一侧的多属行为。

在 O2O 平台盈利模式方面，简单地说，O2O 可以分成媒体类的 O2O 平台和渠道类的 O2O 平台，前者包括像分类信息网站、比价搜索、点评网站等，这一类重点是通过汇聚流量销售广告盈利。后者如携程网、饿了么等，此类的网站则往往是通过资源与售卖之间的差价盈利。

在 O2O 平台的竞争方面，一方面大家会竞相争夺稀缺的线下资源，保持自己对线下优质资源的垄断性控制，另外一方面则是对信息资源的掌控，因为这往往会构成对用户的独特吸引力。例如，OFO 单车和摩拜单车不断融资，竞争不断加剧，其核心就在于资源的争夺战。从某种意义上，谁锁住了核心资源，谁就锁定了跑道优势。

总体而言，O2O 模式是面向移动互联网用户，衔接线上和线下资源，具有强大生命力的一种平台化商业模式。近几年虽有起伏，但我们坚信现在的创新还只是释放了 O2O 应有价值的一小部分，未来更多激动人心的创新会大量发生在 O2O 领域。

女性经济

面向一个垂直细分的用户群，理解他们的痛点，给他们提供优质的商品或服务，从而转化成企业的盈利，这样的商业模式简洁而实在。面向女性群体的在线服务模式，就是这样的例子。简单地说，这类产品通过面向女性消费者生活、时尚、娱乐方面的需求，提供一体化的、交互式的移动互联网服务，进而通过交易或是广告获利。

事实上，女性消费群体在移动互联网的世界中将发挥越来越重要的作用。调研数据表明，首先女性用户天生喜欢社交，微博中 67% 的用户是女性用户，而微博里 80% 以上的内容，都是女性消费者感兴趣的娱乐、情感、星座等话题；其次，女性用户对于移动互联网的一些付费业务，比如付费视频和付费阅读的兴趣明显强于男性用户；再次，女性用户更喜欢使用手机，而且她们更换手机的频率也明显要高于男性；最后一点也许是最重要的一点，这个

世界上 80% 的消费决策都是由女性做出的。《经济学人》甚至发明出了一个新的词汇“女性经济”来表明女性对商业世界的征服。

考察一些更细致的女性消费行为，会对她们了解更多。据一项覆盖了 1600 名针对 18 岁到 34 岁的移动互联网女性用户的调研发现，其中过半的女性消费者花在网上聊天的时间比跟人面对面的交谈更多，她们中间有 31% 的人睡觉的时候会拿着智能手机，26% 的人半夜会起来读微信或者微博，56% 的人把微信、微博作为与人交流的主要方式，39% 的人沉迷于社交网络，84% 的人认为每天都应该更新状态，63% 的人把社交网络用于工作上的沟通，78% 的人每天多次刷新别人的页面，50% 的人通过社交网络或即时通讯工具告诉别人自己正在做的事情。所以总体而言，女性更容易沉迷于移动互联网的世界。

我们可以深入分析一下，一个女性在购物决策中扮演的多重角色。未婚前，她是一个单纯的女子，消费产品往往是根据自己的需求而购买的。而在成家之后，她需要扮演一位妻子的形象，给丈夫购买生活用品。再之后，女性往往是自己和孩子的消费用品的主要决策者，同时为家人准备一日三餐，还要购买各种生活用品，包括给老人买各种礼物，给朋友赠送纪念品。所以仔细想一下，女性行使消费权的频次何其之高，从超大件的耐用消费品到不起眼的油盐米醋的花销，她们是绝大多数女性用品、男性用品、儿童用品、老人用品的采购者。在中国家庭中，妻子掌握财务大权的约占 40%以上，这些女性控制了国内 60%的消费营业额，决定了 76%的家庭购买力。进一步细分的资料显示，女性在购买家居用品、购房、度假计划等方面有 90%以上的决策权；在银行开户、日常消费、保险、家庭装修等方面有 80%以上的决策权；在家庭买车等方面有 60%以上的决策权；在采购电子产品等方面有

50%以上的决策权……简单地说，女性正在独揽消费大权，因此女性的消费市场的容量相当可观。仅以母婴市场为例，这个市场尽管是面向婴幼儿，但是我们知道消费的决策权是在女性手里。这个市场规模接近 1 万亿元，并且保持着每年 20% 左右的复合增长，甚至超过了国内家电市场的规模。在美国，Zappos、Groupon 等网站的发展几乎是由女性消费者驱动的。在这几家网站上，女性消费者几乎占到 70%，为收入的贡献也超过了 74%。结合刚才讲到的，女性在社交网络中的活跃，可以带来她与周围人存在共振的网络关系，即一旦有消费的好消息会立刻跟旁边的朋友、同事、亲人进行分享，进而通过这些受影响的人再去影响其他人。因此总体而言，以细分女性市场为目标，以社交、电子商务、移动互联网为载体的平台化商业模式必然应运而生。

在中国市场，女性群体已经成为电子商务最活跃的人群，女装、鞋包、化妆品、饰品、家纺、美食都成为网购市场的最热门领域，各类电商平台以及海淘、网店、微商的出现为女性社交化电子商务增添了不少活力，而女性社交产品的发展，逐渐成为衔接电子商务与海量女性消费者的必不可少的基础平台。

从微观的机理上来看，我们也可以看到这样的平台可以帮助女性用户解决一些非常实际的问题。一个女性消费者在日常生活中关心很多问题，比如她可能关心自己怎么显瘦一点，现在流行了什么，皮肤上的问题怎么解决这些实际的问题。这些问题的解决就需要通过移动互联网的手段，通过更有经验的人的帮助，或者是我们称为达人的人来分享经验，当她获得了这样的知识之后，就可以进一步地分享。简单地说，如果女性消费者所关心的问题都很类似的话，就可以把这些消费者聚在一起，让她们来进行交流，产生流量，

进而转化成合理的商业模式，并不断传播和放大，这就是专注于女性垂直市场平台的微观机理。

接下来分析一下垂直细分市场平台的一般机理，在平台的一边，就是这个平台所专注的细分的女性群体。另一边一般就是一些电子商务企业和广告主，这个平台的核心就是实现女性客户群与电子商务的衔接。平台的周边，一般而言还会有一些平台的支持性资源合作伙伴，比如说面向女性群体可能需要一些在资讯和知识方面的产品，以及照片服务或美颜服务的产品，这就是平台的价值链基本构成。

面向女性群体的垂直专注平台，它的盈利模式包括三类。

第一，电商型盈利模式。比如“乐蜂网”，就是一个以女性用户为主导的电子商务网站，它采用的是品牌代理模式，售卖主流的化妆品品牌，采用达人引导的营销模式。此外，还有以“美丽说”和“秀美网”为代表的社区型网站。这类网站往往自己不提供电子商务服务，它们的定位是为女性用户提供购买前的前站式服务，也就是给女性购物提供各种咨询参考，以内容引导消费，成为女性时尚潮流和消费观念的引导者。

第二，广告型盈利模式。相对于男性，女性更容易受到商品的口碑、打折、质量承诺、朋友推荐的影响。女性用户比男性更加喜欢点击自己喜欢的网络广告，在广告形式方面，女性用户偏爱网络视频广告，在电视、路牌、公交车等传统线下广告的接受程度上也高于男性。在家庭中，女性比男性拥有更多的电视机掌控权，她们喜欢订阅页面精美的时尚画册，也有相当多的时间花在微博、SNS 的渠道上，因此她们是企业广告主不可放弃的目标用户群。

广告投放的方式有很多种，当前面向女性群体的垂直性平台，越来越多通过交互的模式来进行投放。以“美丽说”为例，“美丽说”与一系列的化妆品品牌开展了线上的推广活动，平台帮助广告主建立官方账号，建立自己的“美丽传播地盘”，然后通过一系列的试用活动、达人分享、线下活动等激发女性群体对于新产品的兴趣。这一类的线上线下结合、互动性的广告模式越来越成为这种垂直性平台主要的盈利模式。以腾讯女性频道为例，在上面服饰类的凡客、交通类的宝马、网络服务类的九九健康网、化妆浴室用品类的香奈尔、食品饮料类的康师傅等，都成了这种垂直型平台的主要广告主。

第三，VIP 增值服务盈利模式。这一类的 VIP 的增值服务主要面向女性群体，可以让她们实现特权性的自持型服务，比如信息咨询或个人资料的美化等。这一类增值服务的模式，不仅对于女性群体，在所有类似的垂直专注型平台中是十分常见的。比如面向婴幼儿幼教市场的“宝宝树”，会定向地向参与购买这种服务的家长，提供一些特定的测评和幼教的一些服务。此外，还可以看到比如游戏类垂直平台，花钱购买 VIP 的用户往往可以拥有一些额外的特权，比如一个尊贵的称号、头像，或者是更便利的一些参与游戏的条件等。

专注于垂直型用户群的互联网产品创新，几年来迎来了快速发展。其战略核心在于，必须要使其对于垂直化目标客户群产生很大的吸引力，并且尽可能地提高这些用户的活跃度以及转换率。总体来看，做好垂直专注型产品，主要有六个方面的核心策略。

策略一，金牌客户很管用。

一般而言，在任何群体中，如果想牢牢地吸引住这个群体，很典型的一招就是抓住金牌客户，也就是这个群体中的代言人或偶像。对于女性群体来讲，一些明星、时尚达人就会成为这个群体中的金牌客户。有很多平台都会运用这样的策略。“乐蜂网”是非常典型的达人模式，它聚拢了国内大批有影响力的达人资源，有诸多来自于时尚界和美容界的专家、明星进驻，包括李斯羽、王倩、小 P、张倩等数十名娱乐界的艺人和美容护肤界的达人，达人推荐已经成了“乐蜂网”上用户信赖和追捧的代名词，也成为影响用户购物决策的关键影响因素。而且它还通过海选的模式发布美妆达人征集令，寻找更多来自民间代表民意的草根美妆达人。“乐蜂网”凭借达人模式，已经聚拢了大量用户并逐步提高用户多次购买频率。

举例来说，“乐蜂网”微博发布后的几天内，包括羽泉、佟大为、马伊俐、李晨、高圆圆、周杰等百余名明星就会转发，这些名人微博所涉及的粉丝数量和转发量，粗略估计超过 1 亿人次，这就是达人模式所具备的威力。

策略二，与众不同的优质体验。

特别是对于客户 UE、UI 方面，要做出体验上的差异化优势。比如女性购物分享社区“美丽说”，曾经与海豚浏览器合作，推出了一款女性浏览器，在这个浏览器上可以帮助女性用户分享购物经验、搭配秘籍、当红好店等诸多信息，这款定制的浏览器有助于客户获得更多的时尚信息，而且在交互上更加优越、便捷。这个浏览器有很多细节的设置，都用于优化女性用户体验，比如说这款界面有着粉色的主题和“美丽说”的界面相匹配，除此之外，海豚浏览器为“美丽说”网站预置了默认手势——用户只需在屏幕上画一个心形，即可跳转到“美丽说”网站。此外，在浏览器专用的快访问区、阅读首页和默认书签栏中，“美丽说”都占据中心位置。使用“海豚阅读”功能，用户可以像浏览时尚类杂志那样浏览包括“美丽说”在内的各种网站。这能让网页的海量信息和时尚杂志的体验结合在一起，符合了女性用户的浏览体验。

“美丽说”与电商网站的合作是非常紧密的，“美丽说”可以把电商网站上的商品信息，包括图片、价格，整个抓取过来，再进行分享和品评。如果一位女性客户在电商网站上看到一件她中意的商品，她可以把这个信息发到“美丽说”，由相关的网友帮她进行评价。同样，如果一位女性客户在“美丽说”上看到一款感兴趣的衣服，点击这个商品直接可以链接到电商网站。这就意味着，“美丽说”和电商在系统上是完全打通的，整个消费过程对于消费者的体验是非常顺畅的。

策略三，有价值的增值服务。

以专注于幼教市场的“摇篮网”为例，从2008年开始，“摇篮网”就推出了婴幼儿能力发展测评和个性化指导的科学育儿系统，以及一种叫“天才妈妈培训班”的服务。前者通过多达100多万人次的测评，使“摇篮网”获得了大量的一手用户信息，涵盖了婴幼儿的方方面面，这些信息有助于“摇篮网”吸引更多的广告客户，因为它的广告客户可以更加精准地、有针对性地进行广告投放。“天才妈妈培训班”则是通过互动，在给妈妈们进行育儿教育的传递过程中，把一些广告主的产品知识巧妙地融入进去。

另一个名为“孩子王”的电子商务网站，它们关注到了妈妈群体一个特殊的需求，那就是在她给孩子接收货品的时候，如果对方是一名男快递员，她会感到不适。因此“孩子王”就安排有育儿经验、有一定妇幼保健培训经验的女性送货员进行送货，让女性客户感觉更加舒适，并且在传递货物的过程中帮助客户提供一些额外服务。

另外一个同类的案例则是瑞丽，“瑞丽女性网”是以《瑞丽》杂志为依托，围绕瑞丽品牌“实用”“时尚”的DNA特质，融合论坛、博客、朋友圈、问答等互动媒体技术，面向23岁到35岁的都市女性提供风尚生活服务，它的日均覆盖数达到87万人，日均页面浏览数655万，可以注意到瑞丽的流量

虽不及老牌门户网站新浪、搜狐、网易，但是在女性媒体频道广告的投放上，瑞丽超过了新浪、搜狐、网易，仅次于腾讯。这足以说明，专业化的资讯和知识服务，将为这样的平台创造额外的价值。

策略四，有必要开展线上和线下相结合的活动。

几乎所有面向女性的平台都会经常性组织活动，这里包括应用群体。比如“美丽说”会组织时尚达人带领女性群体逛商场，目的就是通过这种线下的互动交流引导目标客户群有更好的购物体验，同时在这种活动中往往伴随着为参加活动的女性讲解当季的流行元素、单品搭配。像“摇篮网”这样面向婴幼儿群体的平台也是如此，每年保证一定频次与目标客户群在线下进行面对面的沟通，是该类平台非常明显的一个特征。

策略五，对用户数据进行长期积累与深度挖掘，用数据驱动创新。

以麦考林为例，麦考林是以直邮起家的平台，凡是在麦考林有过购物经历的顾客，无论通过什么渠道，他的资料都会录入麦考林的数据库，这些资料包括姓名、住址、电话、职业、家庭成员等，还包括兴趣爱好、购买偏好、购买力水平、口味偏好等。这些数据经过深度挖掘，为整个麦考林的设计、销售、客服、物流都将提供有力的决策支持。基于长期的数据积累，麦考林还可以把女性群体进行细分，比如按照婚姻状态，已经结婚成家的女性比未婚女性对家居用品的需求明显大得多，通过分析，可以为用户提供及时的、针对性极强的服务。麦考林开发适合中国女性特点的服装配饰，正是基于这样长期的数据积累。

一个垂直型的平台，与一个一般的电商网站区别就在于，如果用户到一个服装电商网站上想买件衣服，网站的衣服是按长袖、短袖进行分类的，而在一个垂直专注型的平台里面，她买了一个长袖之后，接着想买的不会是一个短袖，而是与这个长袖搭配的其他的服饰。这里面隐含的思路就在于，如果真正地站在客户的角度考虑的话——客户不是概念性的批量客户，每个客户都是独特的——她在选择自己最合理的时尚解决方案。因此垂直平台的做法是，围绕海量的数据，把时尚领域当中的关键词抽取出来，然后在词与词之间建立某一种联系。比如说上身服饰和下身服饰的搭配，机车包和哈伦裤之间英伦风格的搭配，把所有的类似的规律找出来，然后与目标客户群的潜在需求进行适配，这样才能真正地获得客户的满意，并将其转化成为真正的购买行为。因此，通过数据挖掘的手段，对客户在网站上的痕迹进行规律性的理解，把时尚定量化、规律化是垂直型专业化平台需要做好的工作。这种垂直专注型平台在数据挖掘方面的积累和使用的深度，将成为此类平台在竞争中获胜的关键。

策略六，在运营中避免“黑天鹅”事件。

由于面对的是垂直细分的客户群体，在做好各项服务的同时，一定要充分地意识到，此类平台客户对哪些事情高度敏感，避免发生高风险的灾难性事件。以面向儿童群体的“淘米网”来说，“摩尔庄园”是其旗下的专注于儿童社交的产品，受到了用户的普遍推崇。但“摩尔庄园”始终要警惕不能在商业化的道路上走得更远，因为其首要的使命是要保证孩子在虚拟世界中有一个安全、洁净的环境。“摩尔庄园”和普通社交网站最大的区别是，这里限制沟通，禁止输入数字、电话号码，同时还要避免其他的一些负面因素，包括孩子的在线时间也会被严格限制，避免孩子的过度依赖。垂直女性平台也是一样，如果一个女性用户被过多的广告骚扰，同时发现自己的一部分数据，哪怕是非敏感的隐私数据被平台给售卖出去，那么就很难再保持对这个平台的忠诚。因此垂直专注型平台如果想在竞争中胜出，不仅要做好前面的

事情，同时也要有一个底线性的策略，那就是要时刻保持对自己运营服务的风险警惕。

如何应对个性化消费浪潮?

你会发现，越来越多的商家盯上了你，他们都在传递一个信息——你，是最独特的。我们愿意帮助你，打造你的个性。

假设你是刚走入大学校园的年轻人，正准备给自己添置全套的数码装备。你可以打通电脑厂家的热线电话，选择各种各样的配置，组合成心仪的笔记本。你还可以通过手机工坊，为你的手机图案定制富有个性的设计。

如果你正处于热恋中，想要向心爱的人传递浓情蜜意，你可以到“卡当网”上挑选礼物，进行 DIY，从相册到茶杯，从巧克力到手饰，从化妆镜到手镯，从钥匙扣到笔筒，应有尽有，你可以在不同的礼品中展现你的才华和创意。你也可以找到“钻石小鸟”，让他们帮你设计专属钻戒，从款式到标识都可为你量身打造。

如果你想让自己生活得更体面一些，告诉“雅戈尔”你的身材尺寸，等待你的将是合体的西服。告诉“凡客”你喜欢的 T 恤样式，他们会让你别具一格。告诉“迈步”，你对鞋子的偏好，会有独特的一款在等着你。告诉“锐步”你不希望在篮球场上撞鞋，那里总有一款让你与众不同。

这里并不是在打广告，而是在试图揭示一个事实，随着新消费群体的成长，以及商业世界做出的创新努力，尤其在移动互联网的推动下，共同促成了一个新消费时代的到来——个性化消费时代。

三种类型：移动互联网时代的个性化消费

第一种，多样选择。

商家告诉渴望多样选择的消费者，只要点击几下鼠标，或者在手机上做几次选择题，就能做出选择。事实上，无论商家卖什么，从家电到手机，从衣服、鞋到礼品，早都已经实现了这一点。纷繁多样的款式让消费者眼花缭乱，总有其满意的一款。

第二种，量身订制。

商家告诉想参与量身定制的消费者，如果面对众多选择你仍然觉得缺少独一无二的那款，那就做填空题。在越来越多的个性化服装定制网站上，消费者输入身高、领围和胸围三个数据后，便会提供专属的衬衫。告诉“唯尚工作室”你的户型数据，他们会把家具做得恰到好处。告诉“适之宝”你的头部数据，他们会送上一款只适合于你的枕头。量身定制，已经不再是商家的噱头，而是活生生的现实。

第三种，主导创造。

商家告诉想主导创造的消费者，如果这些你还意犹未尽，如果你希望展现你的创意、才华，那就做点开放式问题。有许多专业工具供你挥洒才情，展现自我。对于那些喜欢分享自己旅行经历、美食体验、心情感悟的用户来说，你可以使用“zinemaker”制作属于自己的杂志，把你所有愿意分享的东西专业地展现出去。对于那些一直渴望著书立说的人来说，你可以把你的人生故事传递给“ibook”，他们会帮你实现一直以来的梦想。对于渴望展现自己对光与影独特理解的人来说，你可以把自己的理解嵌入“绘声绘影”软件，打造完全个性化的电影。

三重境界：移动互联网时代的传统企业如何做到个性化？

为了有效地支持个性化消费浪潮的到来，需要对传统企业进行针对性的重塑，这种重塑力度之大，不亚于基因再造。随着个性化的深入，难度将会越来越大，可以分为三重境界。

第一重境界，实现个性化用户完成多样选择。

传统企业对于第一类多样选择的需求，要帮助用户做好选择题。对于多样选择的客户来说，最麻烦的事情是，如何在眼花缭乱的货品中做出准确的选择。因此，企业需要支持客户进行快速搜索和快速分类。企业还需要充分开放自己的产品库，实现产品与客户需求的快速匹配。

以服装行业为例，为了满足用户多样选择的需求，帮助用户进行快速搜索，在网络上，企业需要把自己的产品按照男子、女子、童装、运动配件等几个类别划分，在男装系列里面又细分成男装和男鞋。其中，男装包括 T 恤、编织衫、卫衣、比赛服、运动外套、裤装等。男鞋里面包括跑步鞋、篮球鞋、足球鞋、网球鞋，等等。当进入到每个具体的产品品类中，企业的“网络货架”需要给用户提供多样的分类方式，比如可以按照上市时间、销量、价格、折扣力度等来进行排序，此外还提供了如经典休闲鞋、综合运动鞋、足球文化鞋等热门标签。这些设计都在帮助消费者进行快速搜索，方便其找到自己想要的产品。而当客户选择了某一款具体的商品之后，企业需要提供该款商品的价格、折扣、颜色、尺码，目的是帮助客户锁定购买意愿，进入到购买状态。

在过程中可以发现，作为一个品类繁多的服装制造商，应对客户多样选择需求时要做的是，把自己的产品库中所有的产品类别展示在客户的一个可视界面上，并且提供灵活的分类以及快速搜索手段，让客户以最小的时间成本做出决定。

第二重境界，实现个性化用户的定制需求。

对于第二类用户参与设计的需求，企业要帮助用户实现便利输入，其中包括用户的身材特点、家居户型等，企业需要提供简洁的交互界面，用于让客户提交尽可能少而关键的参数。企业需要开放自己的模块构件库，这是比产品更小颗粒度的开放。因为在客户参与设计的模式下，整个商业模式的运转相当于企业在自己的产品构件层面与客户输入的参数进行匹配，然后再进行产品的封装组合。这里隐含的意味是，为了达成这种个性化体验，企业要尽可能多地把自己的产品构件化，把自己的零部件标准化，这样才能生成最丰富的、最多变的“组合”。

以男性衬衫定制为例，在这种消费场景中，用户希望根据自己身材量身定制，因为人与人的身形特征都不一样。一般的客户交互体验的过程是这样的：首先进行衬衫款式选择；选定之后，用户的动作是要开始输入，输入什么呢？决定用户身材的几个关键数据，包括身高、领围、颈胸围和颈腹围这样几个关键参数；最终，选择是否要加入一些私人标识，比如说在衣服上绣上自己的名字，等等。在完成这几个步骤之后，客户就完成了参数提交过程。整个过程，对于客户来说是非常便利的，输入的文字量非常少，这体现了个性化衬衫定制企业在界面上的简洁交互能力。

用户操作越简单意味着企业内部的动作越复杂，这需要企业在其能力开放上做出大量的努力。首先是服装的构件化、模块化。一款服装从构件角度来看，可以划分为肩线、分割线、侧缝线、纹经、下摆、衣袖、衣领、口袋等，而衣领又可以分成无领、平领、立领、翻脖领几种，翻脖领中又可以细分为平脖领、轻脖领等。这里的构件划分得越细，可以给客户提供的灵活选择就越多。此外，为了满足客户参与设计的过程，需要企业做好参数化设计，

包括尺寸规格的参数、款式风格的参数，等等。用户在购买中输入的数据，就是在帮助企业确定参数值。还需要做好的第三件事情是，进行有效的拆单动作，也就是说把客户输入的数据转化为工厂制作过程可以理解的数据语言，这在现在定制化服装企业中都已经通过电子化自动完成。

越来越多的用户通过参与设计来购买自己量身定制的服装，这也意味着企业积累了越来越多的用户数据。以某男装企业为例，到现在为止已经积累了一百多万个体型数据，通过这些数据的统计分析，可以组合成的常用服装号型超过 1000 个，可以满足 98% 的中国男性。这意味着客户即便不选择参与设计的定制模式，也可以通过多样选择的模式选择比较适合自己的商品。

第三重境界，实现个性化用户的主导开发。

传统企业对于第三类主导开发需求，要帮助用户实现快速开发。也就是说，为了让创意充分发挥，在这个过程中，用户成为主导者，主导整个开发过程。为了支持这些用户施展自己的创意，企业必须要提供相应的专业化的工具。这涉及企业更深层次的开放。企业不仅把自己的产品构件开放，同时要开放自己的工艺。也就是说，原来由企业完成的工艺动作，现在交给用户来进行。这意味着企业要把自己的工艺流程标准化、工具化，并且把这些标准化的工艺流程传递给用户，让用户便利地去使用。

以个性化 T 恤定制为例，在这个网站上，用户的体验过程是这样的，首先从网站上选择送自己还是送父母、送朋友、送恋人；接下来选择的是双面定制还是单面定制；进入到具体的定制页面之后，可以开始自己的 DIY 过程，这里面最主要的是为 T 恤选择图案，既可以从网站提供的图库中选择图案模板，也可以从自己的电脑上添加图片或者添加文字。在整个设计完成并且通过网站审核之后，用户就可以购买由自己设计的这款 T 恤。同时如果用户设计的T恤独有特色，纳入到了整个产品体系被别人购买，每件T恤用户还可以分享收益。

这是一个非常典型的引入了Web 2.0思想的体验过程，用户在这个网站上既是给自己购买T恤，同时也是在设计T恤。为了满足客户主导设计的需求，企业需要在界面上尽可能多地为用户提供支持，包括上传图片和文字之后的大小，位置、旋转度等多方面细节的调整。T恤最主要的特色体现在它的图案上，而这一部分企业把设计权交给了消费者。这相当于，企业把自己T恤上图形设置这样一个工艺过程面向客户开放了，并且通过非常便利的手段，实现了这一点。同时，这个案例也很好地说明了，事实上任何个性化消费都很难做到百分之百的定制。在T恤DIY的案例中，可以看到，它的基本款式，包括它的面料是不能够定制的。个性化消费对于任何企业来说，都需要界定好定制与非定制部分的比例。其中，定制的部分越大，意味着企业的模块化构件的颗粒度越细，分解的要素越复杂，同时需要开放的能力要更多。因此，对于个性化消费的支持程度从某种意义上讲也是一个企业定制和非定制界线的划分。

应对移动互联网个性化消费浪潮，传统企业需要重塑自己的产品能力、构件能力和工艺能力。

通过以上几个服装企业案例，可以看到，应对个性化消费浪潮的三种不同境界。企业分别要做好的事情是：

第一，应对客户的多样化选择需求，企业需要不断积累并统计分析海量的用户数据，不断丰富产品的种类，以最有效的方式实现客户多样化的需求与丰富的产品之间的匹配。

第二，应对客户参与设计的需求，企业一方面需要做好简洁的交互，从

而实现对于客户需求关键数据的把握。另一方面需要做好柔性制造、敏捷供应这样的服务，并且尽可能细致地细化自己的模块构件，以最大限度实现丰富的产品组合，真正实现量身定制。

第三，应对客户主导设计这样的需求，需要企业在实现构件化的基础上，把自己的工艺过程提炼出来进行工具化、标准化，这样可以使一个普通客户主导整个设计过程。

应对个性化消费浪潮并不是一件很容易的事情，需要企业构筑多样化的产品库、颗粒度尽可能丰富的构件库以及工艺库，以不同层面的能力开放，实现客户的不同的个性化消费体验。

生命周期轴、需求轴和人际关系轴

假如你买了一辆车，买完以后，4S 店的销售人员肯定会不失时机地向你推荐车内配饰产品和服务。绝大多情况下，你不再愿意花时间四处奔波地去询价，因此往往在购车现场就会购置这些产品或服务。这说明，当消费者的需求具有连续性的时候，其价格敏感度下降，从而给交叉营销带来机会，这就是连续性造就价值的一个简单例子。

今天，这种利用需求的连续性客户价值挖掘，已经成为重要的商业模式，其核心是充分利用连续性带来的消费者价格敏感度降低，提供一揽子解决方案。连续性价值挖掘的商业模式，大体上可以分为三类，它们分别利用了人的需求的三种连续状态：第一种是年龄连续性，第二种是偏好的连续性，第三种是人际的连续性。换言之，沿着用户生命周期轴、需求轴和人际关系轴，是用户价值开发的核心策略。

首先分析一下，如何沿着用户生命周期轴进行价值挖掘？因为人的成长过程是有轨迹可寻的，从幼年、童年、少年、青年、中年到老年，在每一个阶段对于商品的需求是有规律的，这很容易给商家带来进行连续性整体服务的机会。比如，新东方最早专注于大学生留学领域，现在也在利用年龄连续性挖掘新市场。它的总体策略是向年龄段前后两侧推进。面向大学年龄段之前的客户群，新东方推出了“泡泡少儿英语”这样的课程服务，向中学生群体推出了优能课程服务；面向大学年龄段之后的客户群，新东方面向职场人士推出了高端英语培训。在商业领域，类似的模式非常多。比如，人的一生对于鞋是有持续需求的，而且大部分时间保持着基本稳定的脚部数据，越来越多的在线售鞋的服务提供商，会不断积累每个客户脚部的模型数据库，目的是随着一年四季的变化，随着年龄的变化，争取为客户提供连续售卖鞋子的机会。

其次，沿着需求轴的开发是更主要的交叉营销方向。人的任何一个需求偏好，都是为了达成你的某个生活目标，不是单一的，往往是连续的，需要配套地满足一个人的生活目标。买车，需要配饰和保养服务；买房，需要装饰装修和家具购置。今天当你到京东、当当或者卓越上买书的时候，你会发现，围绕你的需求，它们会推荐一系列相关的书籍供你选择，还会运用几本书组合售卖策略吸引你购买。此外，像携程这样的互联网服务提供商，通过你订票的需求了解到你的行程安排之后，它会给你进行酒店和旅游路线的推介。因为一般来说，一个人到外地，其出行、住宿、旅游的需求偏好是连续的。

最后，价值挖掘需要利用挖掘用户的人际关系轴。一些面向母婴群体的电商，逐渐发现了这样的规律，那就是婴幼儿的妈妈在网站给孩子购置奶粉、

服装、用具等商品的同时，也会给自己或者家人购买一些商品，如服装、化妆品等。由此，此类电子商务网站就会比较自然地提供整个家庭所需的商品，这就是利用了人际关系的连续性。再如，很多礼品网站发现这样一个特点，当人们购买一款礼品送出后，如果感觉非常好，他会向更多亲友送出这种礼品及相关礼品，这就需要礼品网站能满足用户人际关系所需要的、一揽子的连续性礼品解决方案。

移动互联网将成为利用连续性挖掘客户价值的重要载体，与实体店售卖的最大区别在于，移动互联网商家可以不断积累用户的数据，对生命周期轴、需求轴、人际关系轴有更深刻的理解，让智能化推荐更加精准，不断提升用户价值开发的能力。

互联网产品生存的基本法则

移动互联网平台的商业模式得以实现的关键是，把对用户长期的、高忠诚度的、规模化的黏着，转化成为规模性的流量，在此基础上的各种商业模式得以成立。也就是说，产品只有把用户牢牢锁定，才能搭建后续的商业模式，这是平台生存与发展的基础。

法则一，没有规模，一切免谈。

从经济学的角度来看，只有足够多的用户使用，这个移动互联网应用的规模经济才能体现，边际成本才能降下来。从平台商业模式的角度看，平台需要实现用户规模的正反馈发展，即用户足够多的时候，会不断吸引更多的人加入。比如，当相当一部分人使用了 Google 或者百度这样的搜索引擎之后，会吸引越来越多的用户把使用搜索引擎作为一种标准。再比如浏览器，当足够多的用户使用了某一款浏览器之后，通过口碑可以吸引更多的用户使用这款浏览器。

因此，无论一个移动互联网平台商家推出的是什么样的业务和应用，必须具有可扩散、可传播、便于被更多用户所选择的基本特点。

法则二，让用户建立起“体系性的依赖”。

需要注意到，取得规模效应往往是一个结果，从用户的微观使用行为来看，规模效应依赖于用户长期的、保持较高频度的对移动互联网的应用。

一个用户只有深度沉浸到某一款移动互联网应用中去，才能有兴趣去探索这款应用能够带给他的乐趣，进而通过这款应用后面所隐藏着的或是广告，或是电子商务，或是数字消费来实现商业回馈，也就是给移动互联网厂家带来相应的商业回报。

我们为什么强调体系黏着呢？因为可以看到，单一的移动互联网应用往往具有自己的生命周期。一个真正能黏着住客户的平台化商业模式，需要整合相关业务、应用或资源，形成对于客户的整体黏着，不断提高用户的转移壁垒。这里的潜台词是，如果用户有一天拒绝使用这一款移动互联网应用，那么他不仅是放弃了这一款移动互联网应用，他事实上还会失去围绕在这款移动互联网旁边的许多相关的资源，这将极大地增大用户的转移壁垒。体系黏着就是要通过自身体系的丰富，不断加大用户的转换成本，使用户难以转移。

最典型的体系黏着的例子当属微软。从 DOS 时代到 Windows 时代，为什么全球大量用户始终保持着对微软操作系统的忠诚呢？这是因为，并不仅仅是用户只能使用这一款操作系统，事实上有很多可以替代微软的操作系统。关键在于，微软通过自身平台化的策略，不断在完善自己的体系架构，使得对于一个用户来说，他所使用的不仅仅是一款操作系统，而是基于这款操作系统大量的应用软件，包括文档处理、游戏、网络、通信，等等。在各种各样的应用中，用户逐渐养成了自己的消费行为习惯，而这种习惯一旦得以固化，意味着用户选择新的操作系统的成本实际上是非常高的。因为这不仅意味着他要去适应新的操作系统，同时还需要去适应这款操作系统相伴相生的其他应用。

法则三，从核心出发，建立防火墙或增值点。

移动互联网时代一个突出特点就是，没有明确的业务领域的划分，彼此介入、彼此竞争的现象比比皆是。一款移动互联网应用，事实上与它竞争的不仅是同类产品，还包括大量的在客户需求方面相邻的替代性应用。

如果用户的行为被其他替代性平台所取代，这就意味着用户将会弃用现有的移动互联网应用，而转投他门。例如，邮件不仅是与其他邮件平台进行竞争，事实上还要与即时通讯、微博、SNS 进行竞争，因为后面的几款应用同样可以满足人们在线沟通的需求。一款游戏也是如此，事实上游戏的竞争对手不仅包括同类别的游戏，也包括其他类型的游戏。从这个意义上讲，一款角色扮演游戏事实上也与其他棋牌类游戏、社交类游戏产生竞争关系。

这种彼此介入、彼此竞争的特点，给几乎所有的移动互联网平台商家提出了要求，那就是，如果想要牢牢地锁定用户，不仅要做好自己的核心业务和应用，更重要的是要围绕用户的相关行为，快速地进行行为份额的切割与价值开发，以形成对于自己核心应用的保护带，甚至探索出自己未来的主要业务方向。

例如，大多数浏览器平台的开发商，都在不遗余力地积极探索与电商、社区这一类应用的结合。他们意识到，在移动互联网时代，他们不会再是简简单单地与其他浏览器厂商竞争，而是与用户可选择的其他入口竞争。

即便是类似于百度、Google 这样的巨头，也在不遗余力地在以搜索引擎为中心，同时开发了大量的其他关于社交类、游戏类、LBS 类、社区类的应用。事实上也正是认识到其他互联网商业模式可能对自己有颠覆性的替代作用。

第 4 章
如何俯瞰一个新跑道，并从中选择自己的创新方向？

关系的威力

扎克伯格对于社交关系有一个非常精辟的定义："下一个时代将被今天的社交网络和赋予用户在连接上的深度所定义，我们的工作就是找到最好的方法让用户分享自己。"随着 SNS 的兴起，我们越来越多关注人与人之间的社交关系，以及由这种关系可以创造的商业价值。但就社交关系的内涵来说，扎克伯格的观点反映了社交关系的真正核心所在，那就是充分地分享自己。

从整个历史进程来看，在原始社会中，是一个基于充分分享、物物交换的社会机制。而人类发展的第二个阶段是在基于私有产权的基础上产生的，也就是基于专有主义的社会经济体制和相应的文化。进入到当前的移动互联网阶段，人们开始越来越多地乐于分享，人们很自然地想创造一些东西，向他人显示自己的创造，向他人披露自己的状态，向他人谈论自己和自己的家庭，谈论自己的心情。也就是说，在移动互联网时代，人们逐渐地通过彼此赠予时间和观点，来建立一种共同义务。移动互联网时代的社交关系是在这样的社会心理基础上建立起来的。

伴随着移动互联网的发展，以分享自己为中心的社交关系演进将会是什么样的呢？将会存在哪些社交关系模式呢？

我们按照关系强弱和是否在线作为两个维度，把社交关系分成四类：第一类是熟人在线交互；第二类是生人在线交互；第三类是生人线下交互；第四类是熟人线下交互。如图 4.1 所示，我们逐一探讨。

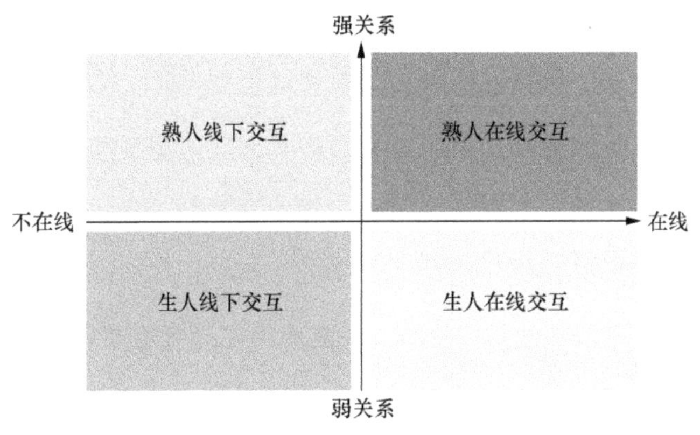

图 4.1　社交关系类别

第一类，在熟人关系链的虚拟空间中，已经可以看到许许多多的成熟模式。比如我们在 QQ 里面跟自己的同学、朋友进行聊天、交换观点表达彼此的关注，这是典型的熟人关系链中交互式的运用。与之类似的是，我们还通过微信、微博、Facebook 等社交平台，不断分享信息，不断更新自己当前的状态，这就是典型的熟人网络。甚至许多时候，还有许多应用有助于我们进一步增强熟人之间的关系，比如说微信里面占领封面的小游戏，这都是增强熟人网络的、增强关系链的兴趣分享式应用。

从下一步发展来看，基于熟人网络的强关系链的发展，仍然有许多有待

开拓的空间。比如说在熟人之间几乎可以实时把自己的体验内容，与自己的好朋友进行分享。此外，基于熟人之间的轻型游戏的发展，也将是一个非常重要的方向。人们一方面通过游戏来满足自己娱乐的需求，另一方面则是通过这种娱乐方式来增强熟人网络，也就是强关系链中的关系强度，来表达自己对于朋友、亲人的关爱。

第二类，生人网络的弱关系链在虚拟空间中也出现诸多创新的商业模式。例如，比较典型的新浪微博、陌陌等。以新浪微博为例，大部分的草根微博用户成为明星微博博主的粉丝，形成一个非常庞大的追随网络。人们会因为对于某个人或是某个话题的关注，而迅速地走到一起。再比如社交关系发展早期时的一些互联网的模式，如许多大型聊天室，曾经非常火爆，人人可以在一个聊天室里面进行交互或兴趣的分享。再比如 BBS 直到现在仍然非常具有生命力，像天涯、猫扑这样的大型 BBS 社区，人们可以在不同的版块中按照不同的兴趣自动地进行分群，与陌生人进行信息交换。

从未来的发展来看，弱关系链与强关系链的演进会有非常重大的区别。因为人们不大会关注陌生人的情感变化，人们真正具有需求的是由弱关系链所带来的人际范围的拓展，以及通过弱关系链进行的兴趣筛选。兴趣经过筛选和细分，可以进一步实现在商务方面的交换。例如，人们可以在一个弱关系链中相互推荐一些商品或者进行二手货品的买卖。这一点带给我们的启发是：一方面一些弱关系链将逐步引入电子商务方面的交易机制；而另一方面，电子商务也会进一步加强自己在社交关系上的布局。这些年来，淘宝始终没有放弃融合社交业务的努力，从“来往”到支付宝社交，尽管不是很成功，但都代表了电子商务融合社交的趋势。

第三类，生人弱关系链在现实时空中的发展。在这个类别中，事实上，社交关系的演进是大有可为的。人们通过在虚拟空间中对某一个虚拟主题的关注，可以转化为现实中的社交关系。比如说陌生人在现实世界中，通过手机摇晃可以快速地交换名片成为好友，例如，用户可以借助移动互联网的定位能力，通过手机按距离远近罗列出旁边的网友，可以与之打招呼并开始线下的正式交往。尽管，人们很难在弱关系链中，构筑起类似于强关系链中的彼此的情感关怀，但是弱关系链有助于人们在分享的同时获得更多的线下交往机会。

另外一种基于弱关系链生人网络在物理时空中的应用，也就是人们利用弱关系链进行线下的基于人际关系的商业价值交换。基于弱关系链，人们的信任关系比完全陌生人的信任是有明显增强的，现在大众点评网等商业模式，是完全基于陌生人的推介。而基于弱关系链基础上的口碑推介，则会使这种推介的可信度大增。它的机理核心在于，一方面弱关系链使一个人分享的内容范围大大扩展；另一方面弱关系链终究在现实中强于完全陌生人，因此，能够使得这种商务上的价值交换得以实现。

第四类，熟人强关系链在物理空间中的应用。这个市场空间表现为一种圈子型、俱乐部型的群体。比如校友群、同学群、同事群、球友群，等等，由于某种共同的背景、兴趣和目标联结在一起的熟人，事实上形成了识别该社群的主要标签，在现实中非常常见。很多人在这样的群体中交换信息，学习知识，共修技艺，共筹投资，等等，关系的价值尽显无疑。

由社交网络构成的移动互联网业务，主要有四类。

第一类，用户的自我在线应用。指的是社交网络用户的自助在线应用，包括自我空间、生活日志、旅游记录等，比较典型的如 QQ Zone、博客等。

第二类，用户的在线交互应用，主要表现在人与人之间的交互。比如微信、

QQ、微博的在线沟通，还包括基于这些社交产品之上的知识交互、游戏交互和图像影音交互，等等。

第三类，用户的线下交互应用，即人们把在线上的虚拟社会关系转移到线下来实现。比如人们在线上建立关系连接，在线下建立起真实的社交关系，或是在线下进行人际脉络的延伸，如用于求职招聘、二手商品交易、任务分包、资源共享等，这也是一大类非常典型的社交应用。

第四类，用户的社交关系在现实中的应用。这一类模式的基本特征是，人们经由社交网络获取一些信息之后，开始跟物理时空中的一些实体资源，比如说酒店、餐饮、旅游等资源发生衔接。这种模式实现基于几个要点：一是要支持用户把自己的状态信息与社交信息公开披露出去，比如用户对于饮食的偏好、对于住宿的偏好、对于价格的偏好，以及所处的社交圈层、社群特质等；二是要进行整合，把社会的物理资源进行整合，比如说酒店的尾房信息、饭店打折套餐等信息。此外，一定还有某种平台化运营机制，来实现用户需求与物理资源之间的匹配。

由社交网络业务构成的盈利模式，主要有三种。

第一种是通过广告传播盈利。在一个庞大的社交网络体系中，人们对于自己属性的披露其实是比较充分的。同时，由于社交的天然特点，它比较容易实现我们经常所说的物以类聚、人以群分的用户社群特征。没有什么比社交网络拥有更多的关于用户的属性、偏好、需求和状态信息，没有什么比社交网络能更完整地呈现出一个人的信息和状态。因此，社交网络天然就具有广告主非常喜欢的、针对性强的属性，具备了广告获利的可能。

第二种是影音、图片、直播、游戏、动漫等内容产品的传播使用获利。比如一个人最喜欢的音乐，如果被他的众多好友分享之后，这个乐曲可以快速地站到榜单排名靠前的位置，也可以转换为更多的下载。所以基于关系网络的影音产品传播，其效率将大大增强，网易云音乐就充分开发了用户自制歌单并分享歌单的能力。关系网络中用户之间的互信，以及影音及直播产品的娱乐化特征，使得内容产品便于在关系链条中进行层层扩散和传播。对于内容产品来说，社交网络事实上构成了一个有效的、交互的、不断扩展的分发渠道。

第三种是通过构建商城并撮合交易获利。社交网络的强弱关系链中，都有可能发生商品的交易，我们日常最常见的就是微信里面的各种微商。

总体来讲，社交网络的价值实际上是建立在分享的基础之上的，在社交时代，人们分享自己的生存状态、自己的信息、自己的兴趣、自己的爱好。以此为基础，催生了大量的商业模式创新。

社交时代的创新“井喷”

在中国移动互联网市场的快速增长过程中，社交产品是其中非常重要的一个分支。在过去十年间，有大量的社交产品被开发出来，其中大部分产品都失败了。但无论成功还是失败，在社交产品创新潮中涌现出的思想，值得复盘，以利再战。总体来说，社交产品多属于双边平台，平台的一边，主要是分享自己的兴趣和爱好、地理信息、活动聚会信息、商品的促销团购信息的用户。这些用户的关系形成，可能来源于某一主题的共同爱好、在地理位置上的彼此接近，或者是在同一场合中的偶遇。平台的另一边，一般来说就是电商或者广告主，也就是社交平台大体上要通过广告或者电商的形式，实

现最终的盈利目的。

根据人与人之间的情感连接深度、交往频度等因素，我们可以把人际关系划分为强关系、弱关系和无关系。强关系就是人与人之间有情感上的联系，甚至有血缘上的联系，因而在实际生活中保持较高的交往频度，比如家人、朋友、同学、同事等。弱关系也很容易理解，这种关系强度弱于前面的强关系，它一般是指，人们由于某种共同的兴趣、爱好，或者是由于某种机缘巧合，形成的一种动态的、不确定的社交关系，比如说踢球的球友、在网上聊天的网友、在游戏中一起对战的队友、在外面聚会认识的新朋友等，这一类的关系都属于弱关系。而无关系就是没有任何关系产生。

强关系和弱关系在人的社交生活中都扮演着什么样的角色呢？强关系的特征是人们背景相似、了解的东西相似，它给人提供了生存所需的情感基础和心理基础。而弱关系往往是由于志趣、兴趣相近所形成，能在人的主要兴趣方面带来更多的知识增值，弱关系也可以发展成为强关系。从一个人一生的社交史来看，一方面，对于自己的至亲好友，需要保持强关系；另一方面，则遵循着不断拓展弱关系、不断把无关系转为弱关系，甚至把弱关系转化为强关系的方式，这是一个人在社会生活中的真实形态。

这个世界上大多数关系是由弱关系构成。有数据显示，一个人在一生中能建立强关系的不超过 150 个人。而事实上，人在一生中学习、生活、娱乐等各类活动要涉及上万人。因此，只会与里面极少数的人形成强关系，大部分都属于弱关系。比如参加一次聚会的网友、在一次招聘中认识的面试官、在一个网络游戏的队友，这些都属于弱关系。

从类型上讲，弱关系衍生的商业模式甚至要比强关系丰富得多，大量的移动互联网商业模式创新都围绕弱关系发生。所有商业模式都建立在这样一个机制基础之上：两个人在从无关系转向弱关系的过程中，将带来全新的社交方式和盈利增值的空间，大体上可以分为以下几种。

第一种，主题社交模式。

人与人之间的交往，从毫不相识到建立起弱关系，可能是对某一篇文章、某一部书、某一个电影、某一个明星的共同偏好引起的，或由于一种共同主题建立起的，我们命名为主题社交模式。

主题社交贯穿于互联网发展的历史，包括早期的 BBS，以及后来出现的一系列主题性的网站，如天涯、猫扑、西祠胡同、豆瓣、知乎等，其中网站里面每一个特定的版块，都给参与者提供了同一主题的聚焦空间。例如，以知乎中的一个热点问题为主题，激发许多网友的深度交互。主题社交模式的特点是，参与者都有共同的兴趣和爱好。这就意味着，这些用户的可辨识度非常高，因为他们感兴趣的主题就是他们最显著的标签。从这个意义上来说，主题社交本身具有非常强的媒体属性。它比较容易导入的盈利模式就是广告模式。事实也是如此。可以看到，在天涯论坛的旅游版块中，用户可以同时看到大量的旅游装备、器材相关的广告。在西祠胡同的结婚版块中，用户也可以看到婚礼服务的相关广告宣传。

在互联网时代，由于已经沉淀下了大量的、细分的内容资源，主题社交类的应用也适合平移到移动互联网上。基于移动互联网的主题社交，仍然方兴未艾，大量的细分的主题社交平台将越来越多地出现。而且这一类社交平台的盈利模式非常清晰，那就是聚焦它所吸引的目标客户群进行广告投放。对于主题社交平台，最重要的就是不断增强自己内容信息的宽度和深度，使其始终保持对目标客户群的吸引与口碑，并且鼓励用户之间的彼此交互，实现用户群滚雪球般扩大。

第二种，角色社交模式。

所谓角色社交模式，就是把现实社会生活中的人际关系，直接平移到移动互联网平台。在现实社会中人们往往具有一些非常典型的社会角色，比如在婚恋市场，男找女、女找男这种基本的角色；或者在求职过程中，一个用户要找到一个好的招聘机会，或者是一个企业主需要招聘一个符合相关需求的候选者，这种应聘者、招聘者也是基本的社会角色。再比如在生活中，一个人有问题，需要另一个人给予解答，这种发问者和回答者也是基本的社会角色。

“陌陌”是基于 LBS，通过用户之间结交新朋友，尤其是异性之间交友，实现男找女、女找男这样的一个过程。“陌陌”所平移的是现实世界中人们从陌生人结交成为熟人的过程，同时为了便于用户交友，“陌陌”做了很多用户交往的特殊处理，比如不需要用户验证，但是一定要向系统提供头像，以强化陌生人之间交往的兴趣。另一个移动互联网社交平台“友加”，同样平移的是陌生人发展为熟人的过程。它认为，满足女性用户的虚荣心可以提高用户的黏性。美女喜欢发照片，如果有人看过，系统就会通知她，查看有谁看过。

角色社交还体现在商务社交领域，在这个领域也涌现了很多创业公司。例如，一个人如果旅游出差到另外一个城市，可以通过看同城朋友的信息，找到感兴趣的进行商务交友；或者用户根据自己的地理位置从热门活动列表中选择参加某活动，或自行发起一个聚会邀请朋友参加，在参加活动之后可以与其他用户交换名片，拓展人际关系；再如像“在行”“大咖说”这样的应用，都是通过在线预约，实现求教者与有经验的人之间的社交深化。

从现阶段来看，角色社交大部分集中于交友、商务方面，主要拓展的是从陌生人的无关系成为半熟人的弱关系。但是，由于一个人与陌生人交友的需求总是有限的，不可能永远处于跟陌生人交友的状态。对于这一类平台，下一步的重点扩展方向是，从把无关系转为弱关系的一般朋友之后，一方面是如何进一步把它转化为强关系，另一方面是如何有效维系这种弱关系的活跃。也就是说，对于角色社交平台来说，非常重要的一点在于，在交友完成之后，要转化为活跃交友的长期社区。

第三种，场景社交模式。

这一类平台非常典型的特点是，它捕捉的是在某一个具体的场景中，人们可能或可以建立起的弱关系。据相关数据统计，上海夜店的人均消费能达到 700 元，北京排名前十的夜店人均消费是 500 元，普通的也要人均 200 ~ 300 元。一些专注于夜店场景社交的产品，定位在给夜店中的人提供服务，包括用户可以在夜店里交友，还可以把一起喝酒、玩、很 High 的照片上传分享给好友，此外还增加了夜店点评和分主题的夜店排行榜。场景社交比较容易延伸到的方向就是办派对，卖酒卡，定位置，秀品牌。甚至从长期来看，以这个场景为基础，如果能牢牢地抓住潮人这个客户群的话，还可以拓展更多的消费场景。

还有的定位于夜店潮人的社交平台，需要用户进入夜店才能使用，一旦进入，系统会帮助用户自动向在场的每个用户打招呼。如果用户想要和别人交流，可以选择付费购买发出邀请。每天还会在每个特定场所，选出男女人气之星。它的基础逻辑是，让一个用户在夜店中变得异常忙碌和活跃，不停地在夜店中交流。场景社交模式由于聚焦于某个线下的具体场景，聚焦某类特定的人群，因此比较容易衍生成为 O2O 模式下的团购，或者是向电商平台导流量这样的商业模式。此外，由于这一类平台做的市场非常细分，用户规模不容易做大。

我们进一步分析一下，基于从无关系到弱关系所衍生出来的移动社交平台的一些本质的特征，将有助于我们加深对于这一平台的理解。

首先我们看移动社交产品的网络效应，包括同边网络效应和异边网络效应，这里的同边网络效应，指的是在平台的一侧用户的增加是否有利于这一侧用户的增加；异边效应指的是平台另一侧用户的增加是否有助于这一侧用户规模的增加。可以看到，在主题社交平台中的同边网络效应表现得非常明显，比如说一本书，得到了相当多的粉丝的支持，一定会吸引更多的粉丝关注这本书。所谓畅销书、畅销影片往往都是这样诞生的。对于角色社交来说，异边网络效应表现得非常明显，最典型的就是在交友平台中，美女数量的增加一定会吸引更多的男性用户的加入。同样，在角色社交的商务社交里面，一些重量级的招聘企业的加入也将有助于应聘者的大量增加。

从平台的多属角度考察移动社交平台。这里又涉及平台经济学的另一个概念——多属，就是说一个用户选择多个社交平台的可能性的大小。可以看到，以上三种模式是存在显著差异的。主题社交平台的多属现象是非常明显的，根源在于人的兴趣的多元性，一个人可能在天涯上聊旅游，在知乎上聊哲学，在豆瓣上聊一部感兴趣的电影，因此，主题社交的多属现象是非常明显的；而角色社交，实际上用户选择多个平台也是非常多。但是我们认为，使用一段时间，用户将逐渐稳定下来，显著减少多属现象。事实上，角色社交下的各种平台提供的功能高度同质化。因此，角色社交将出现“马太效应”，也就是说用户会选择能够给他提供最多周边陌生人发现功能的平台，作为自己长期使用的平台。场景社交平台从长期来看，我们认为多属现象也将逐渐减弱，也就是说，用户将更加专注地使用某几个场景平台。用户使用时间比较长的，我们认为其场景社交潜藏的机会空间非常大。除了夜店，还有其他无穷多个场景，比如说在超市、影院、咖啡厅，实际上场景社交有大量的拓展空间。因此我们相信在一段时间内，用户的多属现象会非常明显，但是最终，用户会选择几个稳定的社交平台经常使用。

从平台组件捆绑角度看，无论是主题社交平台、角色社交平台还是场景社交平台几乎都有一些必备的要素，比如LBS、即时通讯、邮件、独立的Space、独立的日志和照片分享、文字分享、视频分享，这几乎都是社交平台所必需的，因为这些要素承载了社交平台的基本面。还有一些不是这个平台所捆绑的要素要根据不同社交平台发展策略而定，比如说，这个平台是否要捆绑更多的信息内容、更多的商务应用、更多的电商应用等。从无关系到弱关系，从弱关系到强关系以及强关系的维系所需要的风格、功能是各不相同的，如果一个平台过早地“臃肿”往往会失去特色。因此，现阶段来看，这一类移动社交平台所需要做好的是扩大用户规模，以相对简洁和明确的特色来建立自己的差异化优势。

从平台用户的转网成本和价值角度来看，社交平台能够让用户围绕不同的主题，围绕自己在生活中不同的角色，围绕自己不同的消费场景，与陌生人快速建立起弱关系。事实上我们回顾QQ的发展历程，QQ能发展到现在海量用户规模的平台，其早期很大的驱动力也是来源于通过和陌生人建立起网友关系，因此这一类社交平台对于用户的价值是毫无疑问的。这几类社交平台如果长期停留在从无关系转化到弱关系，也就是陌生人交友这样的需求上，实际上用户的转网成本都是很低的。只有当一个用户平台上熟悉的人增多，才能提高黏性和转网成本，因此如果一个平台长期只提供结交陌生人这样一个基本功能的话，是很难黏住用户的。

从平台是否能够形成产业事实标准角度来看，这一类社交平台是在进入

移动互联网时代之后，对于移动互联特征挖掘最到位的一类应用平台。它们现在的一些做法，从长期来看，我们认为将会形成这个行业的事实标准或用户接受的默认习惯，比如搜索陌生人的方式、与陌生人的兴趣进行匹配的方式、跟陌生人打招呼的方式等，从长期来看将形成互联网时代一些基础性的事实的标准。对于这些社交平台，也应该尽快地在自己的品牌宣传、功能宣传上，形成流行的，能够代表业界风尚标准的一系列的“话语”。

前面的分析旨在对于移动社交平台建立起相对完整的、系统化的理解，但与此同时，此类平台的生存和发展极为不易，始终面临着五个方面的挑战。

第一个挑战是无差异化挑战。在过去几年中，中国移动互联网领域出现了大量社交产品，约会、婚恋、一般交友类的平台占了绝大多数，而且大部分使用基于 LBS 的陌生人搜索和兴趣匹配。这也构成了此类产品的最大挑战，那彼此之间就缺少足够的差异化。

第二个挑战来源于打政策“擦边球”的挑战。现在相当多款移动社交产品，特别是交友的社交平台，都是走在法律的边缘，存在极大的法律风险。

第三个挑战在于随时都有可能遭受像腾讯这样的大平台的挤压。这一类产品所提供的功能，大部分微信里都能提供，因此大厂商的挤压是这一类平台最大的竞争压力。即便像人人网、新浪微博这样已有一定规模的社交产品，在微信大发展的过程中，也面临极大的打压，用户活跃度和用户数直线下跌，就更不用说那些规模更小的移动社交平台了。因此要么做出自己差异化的特色而生存，要么被打败。

第四个挑战来自于盈利模式的挑战。基于我们前面的分析，帮助用户从无关系到弱关系的转化，这里面存在大量的商机，无论是电商化、媒体化还是增值化，事实上都有相应的机遇空间。但从现阶段中国社交平台的发展来看，这种盈利模式还不完全清晰或不足以形成规模。

第五个也是最大一个挑战则在于能否留住用户。由于此类平台帮助用户实现的是从无关系到弱关系，但用户结交陌生人的兴趣终归是有限的，如果不能够把已经形成弱关系的用户进一步增强为强关系用户，并且进一步地维系，那么这一类平台可能随时被用户放弃，也就是说这一类平台有可能会沦为短期的兴趣平台，而不能成为一个长期有效的社交平台，这是此类平台发展最主要的挑战。

如何评估媒体的流量价值?

在一个广告主眼里，互联网等新媒体在汇聚了客户的注意力之后，这些新媒体所具有的广告价值是怎样的呢？新媒体的广告价值，简单来说是由两个参数决定的。第一，媒体与某目标客户群的匹配度，匹配度越高意味着商家越愿意选择该媒体。因此，匹配度越高，广告价值越高。第二，媒体用户规模。简单地说，规模越大，广告价值越高。

根据流量匹配度和流量规模两个维度，建立新媒体的广告价值评估模型，新媒体所具有的广告价值大体可以分为四类，并呈现出不同的特征，如图 4.2 所示。

A 类是高流量规模、低流量匹配度，我们称之为“巨大而无序”。该类别的媒体汇聚了大规模的流量，包括新浪、网易、搜狐等新闻门户，也有 QQ、新浪微博等社交媒体。还有一类特别需要注意的是电信运营商的业务，比如电信运营商的视讯、邮箱、阅读等业务，这些业务都带有显著的新媒体特征，

并具有一定的流量规模。

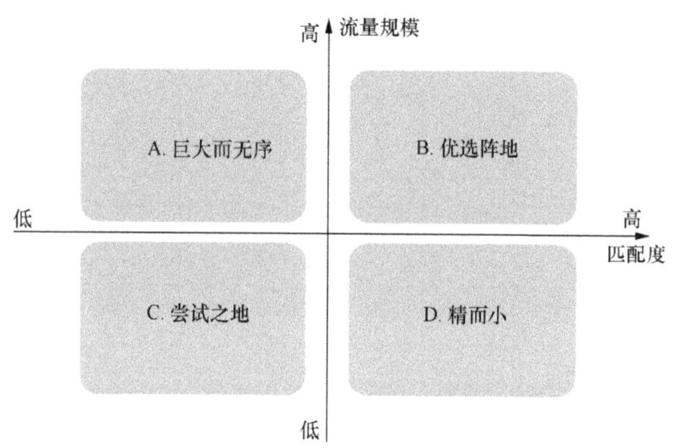

图 4.2　新媒体的广告价值模型

但如果深入分析一下，可以发现整个类别之所以被称为“巨大而无序”，是因为尽管有巨大的流量，但这些流量面向目标客户群的有效传播能力相对弱，也就是说，不便于广告主进行广告针对性的投放。造成这一点的主要原因在于此类新媒体吸引的客户聚集度不够高且过于分散，这极大限制了该类流量制造者的广告价值发挥。即便是 QQ 这样的流量巨头，在相当一段时间里，QQ 广告业务的收入都没有取得与其流量的同步增长，其根本原因就是这一点。

因此，对于这一类新媒体而言，如果想要吸引更多广告主的注意，它们需要做的重点就在于进行流量细分，使之能够与广告主的目标客户群实现有机匹配，比如新闻门户根据不同的网页内容推出不同的广告；BBS 根据分论坛主题投放广告；微博基于关键词和内容类别的细分来实现其广告价值。

B 类是高流量匹配度、高流量规模，我们把它叫作“优选阵地”。这一类媒体的特点是流量规模巨大，同时有很好的匹配度。典型的代表就是百度等搜索引擎以及今日头条这样的智能推荐引擎。首先，这类媒体是流量“帝国”，同时，还可以通过筛选对流量进行非常好的细分与适配。因此，这样的企业能够得到大规模商家集体性选择。但从这几家企业实际运营上看，其面临的挑战就是，如何避免因为过度的广告，而使用户体验受到损伤，甚至影响其作为媒体平台的公信力。事实上，现在越来越多的消费者抱怨，搜索引擎的算法实际上是由商业利益所决定的，这使人们开始质疑算法的公平性。

C 类企业是低流量规模、低流量匹配度，我们称之为“尝试之地”，可以试试，但仅此而已。这个类别的媒体特点是，流量相对较小，同时匹配度没有得到验证。比较典型的包括小型游戏网站、成长期的 LBS 业务、一般自媒体等。由于这一类媒体企业所具有的媒体属性规模相对较小，匹配度较低，很难引起广告主兴趣。这类媒体即便获得了一些广告订单，也仅仅是广告主的一些尝试性行为。这一类别的新媒体在广告方面的价值还需要进一步证明。

D 类是高流量匹配度、低流量规模，我们称之为“精而小”。这类媒体的特点是，其服务指向了某一类非常明确的目标客户群，这一类目标客户群对广告主是有吸引力的，但不足之处在于规模相对较小。该类型的典型代表包括医院、机场这一类非常有针对性目标客户特点的广告投放场所，一些吸引专业的具有行业特点的客户群的专业行业网站。还有就是目标客户群定位非常清晰、服务模式明确的新型媒体，如聚焦于女性群体的“美丽说”等类似的网站。总体而言，这一部分媒体便于广告主聚焦性地投放广告。如在机场，我们会看到面向中高端群体的汽车、银行、旅游类的广告；在医院，我们可以看到很多医药或医疗器械类的广告；在财经杂志上，我们也可以看到面向高端群体的保险、理财、健康和收藏类的广告。

但是，这一类媒体同样面临非常大的挑战——整体规模较小，同时受到

相关替代媒体的冲击。更大的变化是，随着移动互联网的发展，大量媒体内容被搬上手机终端，使这些媒体的内容被碎片化。这就意味着，当媒体内容搬到移动互联网之后，受众将会被进一步细分，导致受众规模进一步减小。

该类媒体价值提升的基本策略在于，第一，把自身用户规模做大，但这一策略往往受限于其商业模式本身的分众化、窄众化而难以实现；第二，整合式运营，例如各种传媒机构的并购，分众传媒曾经并购了多家传媒机构，目的就是形成全国一致的、规模化的媒体投放平台。另一种整合运营方式是第三方机构，例如以广告联盟方式整合专业媒体，以便获得规模较大的广告主的广告订单；第三，如果流量无法增加，同时无法进行有效的整合经营，那么只能在广告到达受众的有效性上，进一步进行提升。

生态基石

同生物生态系统一样，商业生态系统也是由众多实体组成的一个大型松散连接的网络。就像生物生态系统里的物种一样，企业以一种复杂的形式相互作用，每一个企业的健康与绩效水平都取决于网络整体的健康与绩效状况。因此，无论是物种还是企业，它们的健康与绩效同时受到各自的内部能力，以及同这一生态系统中其他成员的互动关系的双重影响。如同生物生态一样，促进生态健康所需的稳定性、持久性和生产效率等许多方面的行为特征，在商业生态体系中也能找到。

商业生态体系的特征包括：首先，在外来冲击面前，商业生态网络通常会让它们的企业具有更加强健的生命力。生态系统对于外界的冲击通常能做出有效的反应，虽然可能对其自身产生一定威胁，但这些威胁绝大部分都可以被生态系统所吸收。其次，商业生态体系中的各个成员，可以通过互动产生新生事物，这种创造新事物的能力推动了系统的演化。商业生态体系是驱动这一创造性衍化过程的关键力量。最后，商业生态系统中，各成员企业因为扮演截然不同的角色，所以对网络稳定性及生产效率会产生不同的影响，这样会使商业生态体系整体无一例外地衍生出这样一种结构，那就是某些成员占据了具有很大影响力的位置，而其他成员则没有这种影响力，这些成员就是生态体系的核心“物种”与基石。这些核心“物种”通过采取特定的行为而影响整个生态系统的健康运转。

包括微软、英特尔、谷歌、ARM 这些企业，都在商业生态体系中扮演生态基石的角色。这些处于生态体系中基石位置的企业，占据着具有广泛联系的生态体系中心的位置，为更多的创新提供了基础，它们调整生态体系成员之间的各种联系，并致力于增进整个体系的多样性和生产效率。生态基石型的企业通常提供了一个稳定的、具有可预见性的、生态体系成员可以赖以生存的平台。同时，由于生态基石型的企业对于整个生态体系的整体健康采取了有效的行动，它们也确保了自身的生存与健康。这些核心企业的消失将导致整个生态系统出现灾难性的崩溃。这些生态基石型企业之所以这样做，并不是出于利他的动因，而是因为对于其自身而言这是一种有效的战略，在这里称为生态基石型的战略。生态基石型战略，是指在改善生态体系的整体生态状况，并在这个过程中，使本企业取得可持续绩效的一种运营战略。生态基石战略的基本特征是：注重外部资源的管理，努力构建外部网络结构，积极维持整个网络的健康并从中受益。

生态基石型企业是通过创造和利用遍布于网络中的重要资源和能力来实

现目标的，它们通过多种方式来共享信息、治理资产，包括从工具到界面，从与顾客的直接接触到生产能力等诸多方面，来有效改善其对于生态体系的推动效率。它们并不是通过支配或主宰行业的价值创造活动来取得强势的成功地位，相反，生态基石型企业认为，作为整个生态体系的中心，占据这样的位置，将使它们积极主动地管理各种影响到生态体系效率和创新的可能性，由此产生巨大的潜能与势能。

生态基石型战略关注的重点是，确保其生态体系实实在在地提高功效，并同生态体系中的其他成员一道高效地共享这些好处。这样生态基石型企业需要为所在的体系提供一种关键的服务，以促进整个生态体系的健康，增强其生产效率强健性和创新能力。它们增进生产效率的措施是，将体系成员连接在一起，使复杂任务尽可能简化，并且设法使第三方能更有效地进行新产品的开发，同时它们还通过对新技术创新活动的持续投资、研发和整合，为生态体系的其他成员提供一个可靠的基础参照系来增进整个网络的强健性。它们还通过各式各样的第三方组织提供新的技术，并在具有决定性影响的基础设施上大力投资，以此鼓励生态体系创造出更多的创新机会。

无论是在 PC 时代还是移动互联网时代，生态基石型战略都要求与生态体系中广泛分布的成员有效共享价值，这种价值共享的具体方式，通常嵌入到像 Windows 操作系统、安卓操作系统、英特尔芯片和 ARM 芯片的设计工具和资料库这样的平台上。所谓平台是指能帮助生态体系中的成员企业通过一系列的接口或界面解决问题的一整套方案，在软件行业中这些通常被称为 API，尽管 API 在不同的行业有不同的表达，但它们都遵循了同样的机理，也就是由平台作为整个生态体系基石的功能载体，借助一套共同的界面将相关的功能打包并提供给生态体系中的成员，这样生态体系中的成员就可以以上述界面为工具构造它们自己的产品，并把上述界面看成是创造其价值的起点。因此，简单地说，平台就是一个能使生态基石型企业与其连接的成员之间共享价值的工具包。

在移动互联网时代，在智能机行业中，像 Windows 系统、安卓操作系统或是苹果公司的 iOS 操作系统，一方面为体系成员提供了利用潜能的路径，另一方面又免去了软件开发者对于硬件实际如何运行的担心。在半导体行业中，像英特尔和 ARM 这些设计机构，向大量企业提供了设计支持，大大减轻了制造企业对于把握制造工艺的细节上的大量投资负担，英特尔和 ARM 为第三方合作者开发的设计资料库，与软件应用编程接口类似，借着它们所提供的设计技术资料，半导体设计者就能够迅速开发出功能优化的集成电路。

对于一个生态基石型的企业生存发展来说，有哪些关键的要素呢？我们需要为分析如此庞大平台，建立一个完备的分析框架，这事实上也是在本书中多次用到的框架。当我们要理解一个平台的时候，一般而言我们要理解一个平台价值链的构成、内在的架构与机理、定价策略、对于单边或双边用户的吸引策略、资源整合策略、成长扩张策略以及竞争策略。

如果分析生态基石平台的整个价值链，可以看到，正如本文中即将反复用到的安卓平台、ARM 平台、Intel 平台和 Windows 平台，总体而言，它们代表的是生态基石平台的主要建造者。此外，在整个价值链中，还包括这样一些企业，包括芯片设计制造企业、应用软件开发企业、终端制造企业、配套硬件制造企业等。生态基石平台需要保持这几大类别的不同的合作伙伴，在一个有序的生态体系中健康运作，实现整个体系的健康发展。

从生态基石平台的架构与机理的角度来看，这些生态基石的平台所带来的网络效应是非常显著的，无论是同边网络效应还是跨边网络效应。从同边

网络效应来看，如果许多用户都使用了一个惯用的操作系统，那么会吸引越来越多的用户开始使用这种操作系统平台。同样的例子也适用于开发者，事实上开发者在选用何种平台进行应用开发，也往往受到其他开发者的影响。这种同类型成员之间彼此相互关联相互影响，就形成了显著的正反馈的同边网络效应。从跨边网络角度来看，也很容易理解的是，由于基于生态基石型平台所设计制造的芯片越多，终端的款式越多，应用的软件越丰富，带来另一边的最终用户的选择空间就越大，就更加吸引用户加入，因此跨边网络效应同样是非常凸显的。

那么在这些生态基石平台中，多属现象，也就是同一个用户加入多个竞争性平台的这种现象是否明显呢？与本书中其他所提及的平台相比而言，生态基石型平台的多属现象大大降低，也就是生态基石型平台的用户黏度很高，这一点也恰恰表明了生态基石型平台的极端重要性。一般而言，一个应用开发者会选择一个主流平台作为自己的开发依托，为了避免把鸡蛋放在一个篮子里的风险发生，开发者会选择几个平台进行开发，但即便如此，受资源、精力以及商业前景等多方面要素的限制，事实上一个开发者也不可能选择过多的平台进行开发。因此，在此类平台中的多属现象受到了极大约束，这充分彰显了生态基石平台对于成员的绑定效应。

那么这些平台的一体化程度如何、在这些平台之上是否捆绑了大量的应用组件呢？在 PC 时代的核心平台，也就是 Wintel 联盟所构筑的平台，与 ARM 和安卓平台在这一点上形成了显著的差异，这将是在下文中要进行具体论述的。基本的结论是，PC 时代的 Wintel 平台的一体化程度要显著高于移动互联网时代的 ARM 和安卓平台。比如说在 Windows 操作系统之上，微软自身开发了大量的相关组件，包括办公应用软件、搜索引擎软件、即时通讯软件等，Intel 不仅做芯片的基础设计，它自己也承担了芯片的制造、营销、服务，整个一体化的行为程度是非常高的。而 ARM 和安卓平台之上的应用主要由生态体系的合作成员开发，它们自身始终定位于基础性的平台，很少介入其他应用组件环节之中。

接下来我们考察一下生态基石平台的定价策略。在 PC 时代的 Wintel 联盟所构筑的平台，在其定价策略上，与移动互联网时代的 ARM 及安卓平台也存在非常显著的差异。由于 Wintel 联盟长期控制了 PC 产业，因此其定价策略采取的是典型的撇脂策略，也就是，Windows 的每一个阶段版本的发布，与 Intel 每一款芯片的发布总体保持着一种彼此默契的相互推动状态。每一次 Wintel 平台升级所带来软件及 PC 产品的升级，都会为微软和英特尔赢得极大的利益。相比较而言，移动互联网时代的 ARM 和安卓平台的定价策略则有显著差异，ARM 是依靠自己 IP 核的专利授权，而安卓平台本身就是一个免费平台，那么在最终商品的定价上，它们事实上把这一点都完全交给了生态体系的其他合作伙伴。比如安卓平台在为 HTC、摩托罗拉等合作伙伴所使用之后，手机终端定价多少与安卓无关。相对来说，在移动互联网时代由 ARM 和安卓所构筑的这样一个新的产业平台显得更加松散，平台的位置也更加独立，把更多的定价权分享给合作伙伴来决定，这一点显著差异于 PC 时代的 Wintel 联盟。

接下来我们考察生态基石平台的用户吸引策略。生态基石型平台对于用户的转换成本是很高的，这是由于每一种生态基石平台以最终商品形态出现在用户面前的时候，它不仅是平台本身，而是基于这款平台所带有的大量的配套性的软件或终端。用户在使用了由这些生态基石型平台所支撑的不同的应用和产品之后，逐渐会养成非常固化的行为习惯。例如使用 Windows 时

间长的用户更换到其他操作系统平台，总会觉得非常不便利。从这些平台为用户创造价值角度来看，Wintel 在 PC 时代铸就了一个非常庞大的产业联盟，基于 Windows 操作系统用户可以享受到海量的软件应用，基于 Wintel 平台用户也可以选择大量的 PC 等硬件终端使用。因此这些生态基石型平台正是通过自己所构筑的庞大而又丰富的生态体系，实现了对于用户的牢牢黏着。在吸引用户的过程中，可以注意到的是，这些生态基石平台为了给整个体系创造最大的价值，通过平台与相关成员之间的这种高度耦合，给用户提供了高水准的性能表现。比如 Windows 跟 Intel 的合作，就能够把 CPU 的计算性能发挥到极致，使软件在使用过程中能有最好的表现。而 ARM 在与其终端成员企业合作的过程中，也能够充分发挥其功耗低的核心优势，这一点符合移动互联网时代用户的真正需要。而安卓平台免费的开放授权策略，使得各种成员可以根据自己的商业策略需要，进行二次开发、优化和改造，这样也给不同的终端机型带来了最大化的性能界面优化可能。

接下来我们考察生态基石平台的开发者支持策略。可以这样认为，对于生态基石而言，整个开发者支持策略是其策略中的核心一环。为了使自己平台的效能发挥到最大化，所有生态基石型平台企业都必须不遗余力地去帮助开发者进行开发。比如在整个 Windows 平台演进的过程中，微软通过大量丰富的 API 接口的开放，帮助不同的应用软件开发商最有效地调用并发挥 Windows 操作系统的效能。同样安卓平台通过自身的开放策略，对于应用软件开发商、终端制造商进行了非常透明的开放，以使其能对自己的产品进行自定义。而 ARM 和 Wintel 也是如此，对于这些芯片企业来说，在任何国家市场推广都需要对开发者的二次开发提供支持，包括对于开发者的培训以及开发中出现问题的调试。没有一个优良的开发者支持环节，生态基石型平台就不可能存在。在这些生态基石型平台为开发者提供广泛而优质的支持过程中，也打造出了许多行业的事实标准，比如微软，在整个 Windows 平台演进的过程中，从开发语言到界面接口，从网络协议到界面风格，已经打造了 PC 产业一系列的事实标准。而 ARM 也是如此，为了响应众多半导体设计制造企业的需求，ARM 为这些企业提供了可高复用的 IP 核的设计，这些 IP 核被诸多芯片制造商所采用后，也逐渐形成了在移动终端上一系列的芯片设计标准。当然，同样是开放，我们也可以注意到这些生态基石型平台在开放策略上的一些微妙的差异。比如说微软的开放策略，实际上是接口开放，底层代码并不开放，这是一种有限度的开放。而谷歌所开放的安卓系统，本身是基于 Linux 底层系统开发的，它的开放程度要显著高于微软的操作系统，安卓的整个代码是完全透明的，任何二次开发者都可以围绕这个系统进行系统二次开发。这些不同的开放策略，也就是开放什么，控制什么，隐含了不同企业对于自身价值定位的思考。正如我们后面所要分析到的，在 PC 时代由于 Wintel 联盟事实上已经操控了整个产业的核心标准，那么在这种情况下，最大限度的内部封闭、外部开放对它们来说是一种最优的策略。而对于像安卓这样的系统而言，如果想要在移动互联网生态体系中快速切入，奉行彻底的开放策略也是最优的一种策略选择。

接下来我们考察生态基石型平台的资源整合策略。作为一个庞大生态体系的底层平台，其功能的演进是必然的。在这个过程中，每个生态基石型平台都必须要不断地整合、加入更多的智力资产和更多的创新技术，这些生态基石型平台会不遗余力地运用各种手段去不断丰富强大自身。比如说运用投资策略，Intel 就设立了风险投资公司，投资一些有助于发挥 CPU 处理芯片效能的企业，如互联网的应用软件公司或游戏软件公司等。此外就是并购，

如最近谷歌收购摩托罗拉，业界普遍的观点是，在这场收购过程中，谷歌是为了获得摩托罗拉大量的专利权。因为作为移动互联网时代操作系统市场的一个后进入者，安卓始终绕不开专利方面的一些限制，这次收购就是为了获得一个老牌终端企业的相关技术专利。此外，还有的策略就是通过交叉授权，比如 ARM 作为一个 IP 核的设计企业，通过交叉授权，与其他的 IP 核设计企业，包括像台积电这样拥有大量 IP 核的半导体制造企业的彼此授权，以实现自身技术资源不断累积与丰富。还有就是自身进行相关平台补足品的开发，像 Windows 基于自身的系统开发了用户在使用过程中必不可少的一系列的软件，包括办公软件、浏览器软件、搜索引擎软件等，以及与外部设备连接的必要的硬件设备，比如游戏设备 XBOX360 等。而安卓的设备并不是自己开发，而是鼓励它的合作伙伴围绕安卓平台进行各种多设备的开发，事实上当前的安卓平台已经不局限于手机操作系统，逐渐进入到像家电、游戏机等多种终端市场，其目的也是最大化丰富其生态基石型平台在整个生态体系中的多点布放。

接下来我们考察生态基石型平台的成长扩张策略。大概在二三十年前，Windows 和 Intel 就发现，成为一个事实上的联盟，就可以掌控 PC 产业价值链的绝大部分，因此这个联盟在过去的二三十年中是高度稳定的。而它们也确实成功地做到了，一方面绝大多数的 PC 和服务器生产都是基于 Wintel 体系，同时微软和英特尔也通过每一次的产品发布，鼓励用户不断更新换代，而它们也通过撇脂定价策略，来逐步增加自己的收益。在过去二三十年的发展过程中，Wintel 联盟已经事实上成为整个 IT 行业最强大的生态基石平台。这应该说来自于它们早期打造事实标准，并不断巩固强化这种事实标准的深度和广度所带来的成功。而在进行移动互联网时代之后，情况则发生了一些变化，这个时候我们可以看到，安卓作为一款 2007 年所发布的手机操作系统平台，在过去的几年中得到了快速的发展，这与谷歌所奉行的透明免费的开放策略高度相关。采取透明和免费策略，意味着可以以最快的速度吸引终端厂商和开发者的加入，使自己的生态体系规模以最快的速度膨胀起来。作为一个操作系统市场的后进入者，就是通过快速甚至是适度的杂乱来改写市场格局。从今天的市场结果来看，它们也做到了这一点，安卓不仅在快速追赶苹果的 iOS 平台，事实上也直接摧毁了诺基亚的塞班操作平台，还成功地压制住了微软即将推出的 WP 平台。可以看到，不同生态基石型平台所采取的策略并不是完全相同，这与产业环境的变迁密切相关，这一点我们在后面将做更多的分析。

接下来我们考察生态基石型平台的竞争策略。在进入移动互联网时代之后，一个明显的趋势是，在 PC 时代呼风唤雨的 Wintel 联盟日趋式微，而 ARM 和安卓平台则在迅速地崛起。在这个过程中，新的生态平台都采取了积极有效的竞争策略。首先看 ARM，ARM 把自己低功耗的优势始终发挥到极致，而这一点在移动互联网时代尤其重要。此外 ARM 与 Intel 竞争非常关键的一个策略就在于，ARM 只做专利授权，并不介入到芯片的设计与制造，换言之，尽管 ARM 要比 Intel 小很多，但是它正是利用合作通过捆绑高通等一大批合作伙伴，与原有的芯片“霸主”展开竞争。而安卓的竞争策略也是直击 Windows 的软肋，Windows 平台开发是收费的，而安卓平台采取的是免费策略，此外整个底层代码高度透明，也同样是通过快速地吸引开发者，赢得大批合作伙伴进入，来改写整个生态体系的规则。应该说在过去的几年中，ARM 平台与安卓平台的快速崛起都与它们采取了行之有效的竞争策略行为密不可分。

总体来看，生态基石型平台作为整个移动互联网商业生态体系的基座，这些平台表现出明显的共性，那就是实现最大化的对开发者的吸引，不断地为整个生态体系创造价值并分享价值，以确保整个体系的健康运作，从而实现自己企业的发展。

用户转移成本定律

移动互联网时代存在“用户转移成本定律”。这里的用户转移成本包括：用户在使用移动互联网应用中的沉浸深度、用户转换所需要付出的时间和智力成本。“用户转移成本定律”说的是，一般而言，用户转移成本越高的市场里，所能容纳的同类应用数量越少。

移动互联网社交应用市场体现了“用户转移成本定律”。一个用户无论使用微信还是微博，都要投入一定的时间和精力，沉浸深度一般较深，转移成本较高。用户使用微博的过程，类似在发布自己的心情日记，用户没有这个心情或精力，在某个微博平台发表了自己的心情感言之后，又切换到另外一个微博平台上继续发布，这种“不愿意”就构成了用户的转换成本。由此可以看到，在这个市场，强者恒强的“马太效应”表现得非常明显。腾讯微信在强关系市场遥遥领先，新浪微博在弱关系市场中遥遥领先，这也造成在市场上其他产品很难追赶领先者，许多后进入者也会因此打消进入的念头，从而形成这个市场平台数量少，用户高度集中的特点。

移动互联网新闻应用市场也体现了“用户转移成本定律”，只不过与社交应用市场恰恰相反。由于用户在任何一个新闻平台上都能看到综合性的信息，这等于减少了各个新闻平台之间的差异性，因此，用户在不同新闻平台之间的转换成本非常低。由此带来市场上的一个结果就是，市场上会有多家新闻门户并存。

受“用户转移成本定律”影响的市场容量问题，还表现在数字消费领域。用户使用不同的游戏机，比如使用索尼的PSP、任天堂的Wii以及微软的XBox 360，各种游戏机的操作要求各不相同。这意味着，如果一个消费者改用不同游戏机的话，需要去学习不同的操控习惯。而一个已经建立起固定习惯的游戏爱好者，通常不愿意再接受让他感觉不舒服的别的游戏平台。这种高转移成本，决定了游戏机市场中不会容纳过多的企业。

移动互联网对于传统行业的颠覆，也是“用户转移成本定律”的体现。例如，在传统零售店面中，用户进出任意一个商家店面的转换成本很低，因此这决定了零售商业形态百花齐放，企业众多。但是，随着互联网原住民一代开始成为主流消费者，这一代人在电商上的购买体验就开始形成了他们的“转移成本”，包括在线上的商品搜索、比价、性能功能对比、同类爱好者交流、便利的支付和退换货体验，这些都形成了新一代消费者的“转移成本”。随着转移成本的上升，电子商务市场可容纳的企业数量开始减少，因此，除了今天在电商领域领先的天猫、京东、当当、易购等少数几家，许多电商企业开始退出。未来的趋势是，随着传统企业大量触网并大力推行O2O，意味着这样的规律开始向线下蔓延。也就是说，新一代消费者对于未来的O2O购物沉浸得越深，转移成本越高，未来市场所能够容纳的O2O商家数量也就越少。

同样，在互联网金融领域，“用户转移成本定律”表现得越来越明显。随着支付宝和微信支付等在前面领跑，包括打车支付、发红包、微支付等各类

第 5 章

如何把握行业游戏规则，塑造有利战略态势？

【案例】剃刀与刀片

游戏机产业商业模式的关键特征，几乎涵盖了平台化商业模式的所有关键特征，这个产业商业模式核心在于以下 3 个基本特点。第一，游戏机产业的核心盈利来源是向双边平台中的一方，也就是游戏软件开发商收取版税。无论是这个行业中的任天堂、索尼还是微软，都始终秉承着这种商业模式。第二，这个产业始终保持着略低于成本价的售卖价格向游戏玩家销售自己的游戏终端。在相当长一段时间内，这一直是任天堂、索尼、微软的惯用策略。第三，游戏机企业之间比拼的关键在于，这些巨头能否向开发者提供更全面、更强有力的支持。以上三点构成了游戏机产业商业模式的基本特点。

1983 年任天堂公司在日本发行了它的红白机，1985 年，任天堂的游戏主机在美国面市。该公司的战略秉承这样一个基本的前提，要在这个市场上获得成功，必须严格控制与自身游戏机平台配套的游戏质量。因此，每一盒游戏磁盘都安装能够访问游戏主机电路的验证芯片。此外，它还通过质量印章政策，严格监控游戏开发商为其提供的游戏质量。为了确保质量，任天堂禁止任何一家游戏开发商在一年之内出版 5 个以上的游戏作品。

通过采用验证芯片，任天堂能向第三方游戏开发商收取版税，任天堂决定所有游戏的最终零售价，并且向开发商收取销售额的 20% 作为版税。由于任天堂自己生产磁盘，并且进行严格的仓储管理，它能够精确统计出每份授权所产生的游戏数量。在进入市场一年后，任天堂 NEF 所拥有的游戏超过了 24 款。截至 1989 年，任天堂每年的磁盘销售量为 5000 万张。一些游戏成了永久的经典，比如大金刚、超级玛丽兄弟，这都是 NEF 的“杀手”级游戏。之后，任天堂逐步占据了美国视频游戏主机市场的大部分份额。

索尼公司进入这个市场则进一步巩固了这种商业模式。索尼发行了第一款用光盘取代芯片作为游戏载体的游戏机，并且取得成功。1994 年，PlayStation 一问世，就震惊了整个市场。截至 2000 年，全球已经售卖 8100 多万台 PlayStation，取得了巨大成功。之后，索尼公司又陆续推出了 PS2 和 PS3，始终保持着在游戏主机市场的领先者地位。

索尼盈收的相当一部分来源仍然是第三方游戏开发商为它所支付的版税。它始终获得了比较大规模的游戏厂商的支持，比如在 PS 问世的时候，索尼公司就已经同 100 家游戏开发公司签订了合同，当时就已经有超过 300 个游戏项目获得授权并且投入研发。这都是索尼在那个时代取得成功的关键因素。

微软以 Xbox 游戏主机进入游戏机市场。在研发 Xbox 的过程中，微软公司曾经试图颠覆这个行业的传统商业模式，特别是想改变向第三方开发商收取版税和质量监控政策的模式。但是，经过长期验证，微软最终还是接受了这个行业的标准商业模式。

有一个非常有意思的故事，1999 年，微软公司配合 Xbox 的推出，在内部开始了中途岛计划，该计划以“二战”中发生在太平洋的关键战役命名，显示出微软要在个人电脑和游戏机之间建立某种关联的决心。微软最初的意图是把 Windows 操作系统移植到游戏主机之上，它的想法是把游戏主机也打造成跟个人电脑一样的开放式平台，也就是说，开发商可以不受限制地为其编写程序，并且不用为此支付版税，这意味着微软在 Xbox 推出之前是尝试采用类似于个人电脑的商业模式。但是，最终的结果是，Xbox 最终还是被设计成了一个封闭系统。微软公司和任天堂、索尼一样，也向第三方开发商收取版税。其原因就在于，微软意识到它必须保证在 Xbox 上运行的游戏的质量。尤其是当它意识到这个行业的规划，如果要向第三方开发商收取版税的话，就必须排除那些设计粗劣的游戏。而另一个原因则是出于财务方面的考虑，通过内部高层人员的集思广益，微软清楚地意识到它需要从第三方游戏开发商那里获取版税收入，来抵消低价售卖游戏主机的损失。最终它确定对每张游戏光盘收取 7 美元（约 48.22 元人民币）的版税。

尽管多年来，在游戏主机市场上这三家的竞争极为激烈，市场份额也出现了不小的变化。但是把向开发商收取版税作为行业核心商业模式，始终没有发生很大的变化。这使得游戏机产业的商业模式，显著地区别于个人电脑产业。乍看起来，游戏机和个人电脑的平台结构都非常像。平台的一边都是最终用户，都希望使用另一边开发出来的软件或者游戏。一般而言，用户喜欢应用类型丰富的平台，而开发商也喜欢拥有更多最终用户的平台。尽管表面上看起来非常相似，但实际上两者的商业模式存在重大的不同，原因是什么呢？

在游戏机行业，无论索尼、任天堂还是微软，一直都把产品的售卖价格定得比较低，特别是游戏主机的价格。在这个行业中，厂家收入的主要来源于游戏开发商。它们要给平台提供者提出最高甚至要达到 20% 的提成，事实上得到实惠的是最终用户，用户用比较低廉的价格获得游戏机，同时通过按游戏购买的方式获得了高质量的游戏体验。

在个人电脑行业，始终追求的是以更高的配置获得更高的溢价，PC 价格并不便宜。在这个行业中，厂家收入的主要来源是基于 PC 软硬件配置及溢价，PC 厂家也不向应用软件开发者索取任何提成，甚至里面的操作系统、CPU，厂家会主动提供免费的开发接口。

为什么游戏机与个人电脑，看上去相似的两个双边平台，定价结构却有这么大的差异？这是因为电子游戏机的用户通常是十几岁到二十几岁的青少年，它们对于游戏质量的敏感度远远高于普通的个人电脑用户。有统计数据表明，每个游戏机买主平均只会购买 8 个游戏，每个游戏的价格约为 50 美元（约 344.44 元人民币）。在游戏机两到三年的使用寿命内，玩家依次消费这些价格不菲的游戏，每买一个就集中时间玩一个，在每个游戏上要花多达 40 小时到 100 小时的时间。而为了提供极具吸引力的游戏，为了让游戏拥有摄人心魄的质量，平台提供者必须提供巨额的固定成本，为了分摊这些费用，它们必须要保证游戏机有规模庞大的用户群。因此，游戏机供应商任天堂、索尼和微软一方面需要用补贴来吸引玩家，另一方面需要对开发者进行严格的授权条款控制、高比例的提成来确保游戏的质量。

这相当于说，游戏机厂商从游戏开发商那儿收了一笔税，既作为自己收入的来源，同时把那些质量不好的游戏驱逐出去。可以想象一下，由于有这笔高额税款的存在，销售前景不好的游戏根本就不可能开发出来。同时，无论是游戏开发商还是平台提供者都不会把这种税款转嫁给最终用户。也就是

说，无论平台提供者的提成比例是多少，都要按照市场愿意承受的最高价来收费。因此，高比例提成起到的主要作用就是把质量较差的游戏剔除出去。因为一旦征收这种税款，销售前景不好的游戏所带来的利润就很难弥补游戏开发的固定成本，所以这样的游戏从一开始就不会得到开发。

而个人电脑的情况则不完全一样。消费者购买个人电脑通常是用于工作，相比游戏机而言，更有可能视其为家庭必需品，所以价格敏感度相对低。个人电脑在使用期间内会装载数十种应用软件，特别是有些文件是必备的，比如文字处理软件等。因此我们看到市场上有各种各样的应用软件，它们的价格高低不一，质量也参差不齐。因此，尽管个人电脑用户和游戏玩家都非常看重产品的多样性和质量，这两种平台里的开发商也都迫切希望自己能够接触到一大批用户。但是相比较而言，游戏玩家是对品质更为挑剔、需求更为集中的一批人群。正是由于它们的集中度和质量敏感度，决定了游戏机产业始终秉承着这样一种把向开发商收取版税作为核心应收来源的商业模式。

游戏机产业的另一个非常有趣的特点是，在几十年的时间里面，大部分游戏机是以低于成本的价格向消费者销售。从任天堂 1984 年推出红白机开始，也就是从它的第一代游戏主机开始，它的售卖价格是 249 美元（约 1715.34 元人民币），就低于它的成本价。这一点索尼也同样，无论是 PS、PS2 还是 PS3，它的发行价都低于成本价。以 PS2 为例，当时在美国的发行价是 299 美元（约 2058.76 元人民币），而根据估算，它的制造成本应该高于 400 美元（约 2754.20 元人民币），这部分亏损通过其自身的游戏软件的销售和向第三方游戏开发商收取版税来弥补。直到 2004 年，索尼公司才宣布 PS2 自身的销售毛利率为正，即便这样它的利润的主要来源仍然是游戏和版税。微软也是一样，尽管微软在进入这个行业初期，曾经试图改变这样的商业模式，但最后不得不遵从游戏机自身的规则。Xbox 的游戏主机同样是亏本销售，它的发行价是每台 260 美元（约 1791.11 元人民币），据估计至少比制造成本低了 100 美元（约 688.89 元人民币）。之后 Xbox 的零售价随着制造成本的降低，进一步下降，并且始终保持着每台 100 美元（约 688.89 元人民币）的亏损。据估算，在发行的前两年中，Xbox 硬件的损失高达 5 亿 9000 万美元。

如果回溯到比任天堂还要早的游戏机的初期时代，一家叫作雅达利的公司推出了名为 VCS 的游戏机，从那个时代开始，厂商们采取的就是低价销售游戏主机的策略。这种策略在当时来看是比较新颖的策略，因为当时大部分个人电脑厂家还是把硬件作为收入的主要来源。而雅达利包括后来的任天堂、索尼和微软都颠覆了这种模式。

这个模式事实上是一种经典的商业策略。人们经常用“送剃须刀以卖刀片”，来描述一种“两部定价”的定价模式，也就是厂家以低于成本的价格卖出耐用品，然后从那些与耐用品搭配使用的消耗品上谋取利润。低价售卖的剃须刀能够刺激人们对于刀片的需求，剃须刀价格的降低会导致刀片需求的上升。从经济学意义上讲，剃须刀和刀片是一对互补品，后者才是真正的利润来源。

游戏机和剃须刀一样沿袭了这种策略的精髓，向用户以低于成本的价格销售，同样是基于这样的判断：较便宜的主机售卖可以刺激用户对于游戏磁盘的需求。这样的模式，事实上也降低了消费者购买游戏主机时的风险，因为他在购买主机的时候没办法评价主机的价值，必须在玩过游戏之后才能评价，因此较低的价格等于打消了消费者的一部分疑虑。另一方面，正是由于游戏主机制造商基于对自身游戏质量的信心，他们敢于把游戏磁盘、游戏光盘、游戏软件以及版税的收入作为自己核心的来源，他们确信这样的商业模式是可以成立的。

可以对比一下个人电脑产业，也与游戏机产业有显著的不同，这种定价模式对于电脑制造商来说没有太大的意义。一个用户在计算机上使用的应用程序的数量，同他对计算机的品质评价没有太大的相关性。一家工程公司在电脑上使用的应用软件的数量会多于一家电力公司，但是两家公司可能都最大限度地发挥计算机的作用。同样也没有理由能够证明一台计算机只是简单地从事文字处理和电子邮件就比一个安装了大量的娱乐游戏的价值低。换句话说，个人电脑与软件两者的互补效应，远远没有像游戏主机和游戏软件那样鲜明。因此，电脑行业并没有采取类似的定价模式。

游戏机商业模式的第三个基本特点，是竞相比拼向开发者提供的支持。这些游戏主机制造商充分地认识到，如果他们多花费一些精力为游戏开发商提供优质的开发工具，他们就能在日后的游戏主机发行的时候，获得尽可能多的具有吸引力的配套游戏。因此，他们尽可能向开发人员提供仿真开发程序、应用程序开发接口、模板、demo 及演示工具等。

这些游戏主机设备制造商会充分利用多种多样的形式为开发者提供知识，比如每年一度的 E3 电子娱乐展，这些制造商们会提供大量的财力，布置出豪华的展位，展示最新潮的技术。通过这个机会帮助游戏开发商搭建公共关系，宣传自己。有的时候，厂商也会面向开发商举办发布会，展示最新的游戏平台、功能和商业计划，并向出席的开发商们介绍现有的合作机会。索尼、微软都会为在校的大学生编程爱好者提供开发工具包，鼓励他们围绕它们的主机开发游戏。甚至微软公司 Xbox 制作团队中的关键人物，会进行全球的商务旅行，向游戏制造商介绍和展示 Xbox，希望说服游戏制造商，为微软公司的 Xbox 游戏平台服务。这样做的结果，就是可以围绕整个游戏平台建立起一个相互依存的商业生态系统，极大地推动了游戏机产业的发展。

索尼公司正是由于在游戏开发的经验方面不如任天堂丰富，也就是它的自有力量相对比较薄弱，因此它主要依赖于第三方游戏开发商为其提供产品。索尼和任天堂对比来看的话，索尼由第三方开发的游戏数量明显更多，达到了 77%。同时 PS 所使用的操作系统平台是索尼内部开发的专用系统，专门为 PS 系列设计，能够使微处理器发挥出最佳性能，同时它推出的产品是用光盘读取，性能上更好。

在 PS 第一代问世的时候，索尼已经同近 100 家游戏开发公司签订了合同，超过 300 个游戏项目获得了授权并启动研发。索尼获取成功的一个重要的因素，是它提供了一系列前所未有的开发工具和软件库，所以开发商为 PS 系列编写程序要比为任天堂编写来得容易。随着时间的推移，索尼不断鼓励第三方游戏开发商培育 PS 平台。据统计，截至现在全球已经累积卖出了超过 1 亿部的 PS 和 PS2，远远地超过了同期任天堂推出的 N64 系列。

微软在推出 Xbox 也是一样，微软最初在推出 Xbox 的时候，它并没有为这款游戏主机建立专有的游戏开发平台，而是采用当时的 Windows NT、Windows 2000 的简化版本作为 Xbox 的操作系统，并且围绕 DirectX 的技术建立了 Xbox 软件平台。由于在历史上，微软曾经为个人电脑游戏开发商提供了一系列软件服务，以便于它们处理用户硬件设备多样化的问题。因此，在这方面微软更加轻车熟路一些。

尽管微软在进入游戏机行业的时候，仅仅是一个追随者，但是第三方的开发商仍然对微软有前所未有的好感，这种好感正是基于个人电脑平台的合作史移植过来的。在 Xbox 上市之前，微软建立了独立开发运营计划和孵化

器计划，向小规模开发商提供免费的软件工具，以鼓励其创作，同时取消了游戏开发阶段的种种限制性要求。对于开发者而言，由于微软为 Xbox 设计的开发工具同个人电脑开发工具十分相似，这大大减轻了开发者的负担。

【案例】视频攻伐

视频类的平台如果按照内容提供方式进行划分的话，简单地说，就是 Youtube 模式和 Hulu 模式。其中 Youtube 模式是用户创造内容进行分享的视频平台模式，而 Hulu 模式则是通过向内容版权的拥有方开展合作或者是购买版权，提供视频服务的平台模式。

视频平台是双边平台，一边是视频用户，另一边是视频平台的内容提供方。这些内容提供方简单来说可以分成两类，一类是专业化的内容提供机构，比如影视拍摄机构、版权中介服务机构等；另一类就是典型的 UGC，就是由用户自己拍摄上传内容。

视频平台内容的来源是通过上游的内容源提供方获得，然后通过终端，以及运营商提供的通道分享给最终用户，用户收看视频平台所提供的内容。在这个过程中，视频平台获得了足够规模的流量，再把这种流量转化为广告主所能够购买的有效的广告时间，这是视频平台的一般商业模式。

简单地说，视频平台的盈利模式只有两种：第一种是把视频的内容以收费的方式向用户提供，也就是说向用户收费的模式；第二种模式，是把通过视频服务所换取的规模性流量转换为广告收入。当然细分来看，又可以分为以下几种模式；第一种是付费点播，也就是在线观看版权节目的盈利模式，这种模式主要靠用户通过在各种支付平台点播节目在线收看，从而形成比较稳定的点播收入，再扣掉运营成本和版权成本就是盈利。这里面又包括按时长收费和包月收费等模式。其中视频平台需要做的是，不断降低版权成本和不断扩大点播量；第二种模式叫做下载收费盈利模式，这种模式跟前一种模式非常类似。这种模式并不是用户在线收看，主要是用户下载收看，包括下载到本地电脑或 MP3、手机、平板电脑等。而这一类模式需要做的同样也是不断降低版权成本，扩大下载量，提高下载速度；第三种盈利模式是转售的盈利模式，也就是把网站的视频平台的这些内容，卖给网吧业主，再由网吧业主提供给网吧的顾客付费或者免费观看；第四种就是网络转播权的经营，也就是视频内容的分销。一部影视作品如果被视频平台所购买，那么通过有序的传播、分销，理论上讲是可以盈利的，从这个意义上讲视频平台越来越多地成为内容提供方的一种新型渠道。因为以往的渠道只有电视，但现在随着互联网快速发展，视频平台开始越来越多地成为影视内容的另外一种非常重要的分销渠道；第五种就是直播的盈利模式，把一些即时性、实时性很高的一些体育赛事或者是一些国外电视内容实时传递。在这种过程中，一般来讲，视频平台是通过直播作为视频媒体提供独家内容的发布、传播和多种媒介的转用共享；第六种是深加工的盈利模式，也就是在原有的视频内容基础上，经过专业化的剪辑、组合和包装，形成更有市场的产品，而且这些产品不只局限在自身的网络来盈利；第七种就是视频平台的多终端盈利模式，也就是说把视频内容通过不同格式不同码流进行转置，再通过一定的营销策划，在电脑、电视和手机等终端播出，产生多种盈利渠道。以上的七种盈利模式，本质上讲都属于基于视频内容的销售和增值开发。当然更重要的是说视频平台通过提供视频内容在广告方面的收益。第八种盈利模式，我们把它叫作通

过版权换广告的盈利模式，也就是说消费者是完全免费地点播观看或者下载观看，视频平台主要依靠广告盈利，把流量转化成收入。这里面流量是如何获取的呢？其中一种方式就是视频平台通过网站联盟来买流量，就是与像百度、网易、新浪、搜狐等网站进行战略合作，来提高自己的流量和用户数。另外一种方式就是通过视频平台自身的宣传推广，作为客户视频观看的首选平台而直接获取用户的流量；第九种我们叫作社区广告盈利模式，它的本质与第八种类似，仍然是用户免费使用，但是用户点播在线观看或下载观看的是网友上传的节目，主要还是通过广告盈利，这种情况的互动性非常强，由于网友上传的节目类别、内容参差不齐，因此这种盈利模式的关键在于广告开发和营销策划，需要根据内容以及由此适配的目标客户群的不同而进行广告的多种形式的开发。

除了以上九种盈利模式之外，视频平台还有一些衍生性的盈利模式，比如包括盗版视频的监测服务、视频搜索网站的搜索服务、面向电视台提供视频数字化加工服务、给视频平台提供相关的技术服务等。本文分析的是围绕视频平台、用户、内容提供方和广告主等几方形成的多边平台的商业模式，我们将要重点分析视频平台胜出的关键策略。

第一，千方百计拓宽自己的流量入口。

视频平台流量提升的方式大体上包括以下几种：第一种方式是通过广告联盟代理，在互联网网站上进行广告推广。例如，视频平台通过广告中介公司的服务，进行自己的广告代理，在一些阅读类的网站、下载软件类的网站上，嵌入自己的广告，向自己的网站导入流量。第二种方式是比较典型的，就是与门户网站和搜索引擎进行合作。例如，通过搜索引擎向自己的网站导引流量，这是视频网站相当重要的流量来源。以酷 6 网为例，来自百度的流量导引占 20%。第三种方式是通过网站联盟、网络站址的推广等。第四种方式就是进行 SEO 优化，通过对自己网站的结构、关键词的改变，确保自己能够出现在搜索引擎页面的顶端。第五种方式，是与其他的一些网站开展合作。比如与一些大网站或者与中小网站的流量互换，可以看到几乎所有的视频平台都在与别的网站进行流量交换。第六种方式很重要而不能忽视，那就是线下的品牌推广。视频网站天然有娱乐传媒的色彩，因此它们会积极参与一些娱乐界的重要活动，还会比较多地运用一些传统媒体，包括报刊、纸媒进行自己本网站品牌的一些推广。甚至还有很多时候，这些平台会运用一些明星级人物的某些事件进行炒作。拓宽流量入口这件事情，对于视频平台而言，几乎是一个“生死攸关”的基本问题。

第二，借助社交提升用户黏性与活跃度。

只有流量是不够的，必须要把这种流量转化成黏性的能量，否则这些流量极有可能像是一摊工业废水毫无价值。曾经有人打过这样的比方，很多视频平台所聚集的流量是很狭窄的一条小路，而且用户匆匆而过，也就是说它不具备把用户长久留住的条件。这对视频平台构成了非常大的挑战。视频平台围绕这方面做出了非常多的尝试。现在总体来看，有助于增加视频平台客户黏性的最有力的手段就是社交化，也就是给视频平台加入社交的要素。

当人们通过移动终端或者是 PC 来观看视频节目的时候，往往并行存在着网络社交的需求。我们可以这样理解，他们在看视频的时候需要与朋友交流，或者说在他们交流的时候有时需要分享一些视频。无论这些沟通是何种形式，比如说弹幕、微信聊天、微博发帖子，这些社交元素本身也构成了视频内容的重要组成部分。视频平台的用户黏性，不仅依赖于内容，也依赖于社交。

视频内容在社交元素的支持下，其分享的意味大大强化。对于一个被分享的视频，当对浏览内容发表评论的时候，人们其实也在与朋友们进行沟通。这意味着用户在观看内容的时候，如果能够针对内容发表评论，并邀请其他人也这么做，事实上相当于建立了以内容为中心的一个小型社交网络。这更有利于体现视频的价值，即内容的制作可以与社交的某类主题更加契合，视频内容可以更容易找到目标受众。换句话说，代入社交要素的视频，更容易帮助上游的视频内容制作环节进行精准的内容制作，也有助于广告主投放更精准的广告。

第三，打通内容版权方面的障碍。

对于视频平台来讲，必须要做的一件事情就是贯通上游内容。从中国本土来看，视频平台纷纷投入巨资在自己的内容资源上。各大视频平台每年都会斥巨资对热播电视剧的购买，同时自制剧比例越来越高，甚至已经超过了采购剧比例。比较典型的像腾讯，不仅把自己作为一个内容的发布者，还要介入到内容产生的上游环节，从剧本和演员选择、拍摄等阶段就开始介入，并且综合运用腾讯综合平台的优势，包括腾讯视频、腾讯网、腾讯 QQ、腾讯微博、QQ 空间、朋友网、QQ 游戏、QQ 秀、腾讯音乐 9 个平台进行全面推广。因此，腾讯视频实际上打造了一个贯通出品方、编剧方、电视台、用户和广告主的全链条内容经营模式。

具体来说，进行内容的整合大体上包括以下几种手段：第一，购买版权，比如购买电视剧、电影和综艺节目的内容版权，这里面还可以分成购买独家版权和非独家版权；第二，购买信息网络传播权再进行分销；第三，利用节目版权期限特点，进行海量老片的版权购买；第四，与版权商分账，也就是说不通过一次性买断，而通过分账的形式进行购买；第五，与其他具有版权资源的网站进行合作，通过合作来换取版权，比如说迅雷通过技术服务提供来换取相应的内容；第六种就是UGC的模式，通过网友上传获得民间创作内容；第七种是交换的模式，包括与内容集成商、内容提供商进行合作性的交换；第八种就是与明星和影视集团进行合作，比如帮明星建立一个全球独家的官方视频网站等。最后一种就是自制剧，越来越多的视频平台开始自己打造自己的内容源，不断提升自己自创内容的比例。

第四，卓有成效的广告售卖。

有了内容、有了流量、有了客户黏性之后，创造价值的关键在于广告售卖。视频平台为了最大化自身的价值，需要把流量进行有序分类，以多种广告形式提供给广告主选择。从形式上，视频平台的广告包括图页图文广告、图文对联广告、旗帜广告、通栏广告、按钮广告、文字链接广告、视频贴片广告、爬虫广告、播放器广告、视频弹出广告、完全软广告、植入广告、插件广告、背景广告和在线视频的公告以及活动的一些广告等。所有视频平台都通过非常精细的流量分类以及非常多元的广告形式来创造最大的价值。

【案例】改写游戏规则

随着个性化消费浪潮的涌动，大型外包制造企业也需要搭建平台化的模式，充分地整合外部联盟的资源，开放自身的构件库和工艺库，为客户提供端到端的整体解决方案，这日益成为大型外包制造企业的核心竞争力的关键所在。本文以半导体行业为例，分析大型外包制造企业的平台化战略。

我们首先来熟悉半导体行业的几个基本概念。IDM，是指一体化的设计、

制造、封装测试公司，这样的企业等于打通了整个半导体的产业链，实现从设计到供应的一条龙服务。IDM 长期以来是全球半导体产业的核心商业模式，最主要的代表是 Intel。对于这种商业模式，我们把它叫作一体化商业模式。一体化商业模式在推进了一段时间之后，随着台积电的出现，开始把半导体芯片的制造垂直独立出来，这引起了整个产业链的分化，也产生几个新的关键词。

Foundry，指的是半导体芯片制造环节的企业，其最典型的代表是台积电。Fabless，是指那些无生产线设计公司，典型代表是 Broadcom、高通、德州仪器，它们不具有芯片生产线，但具有很强的设计、销售能力，只是把制造环节外包给 Foundry 来执行，然后再把芯片售卖给最终客户。也就是说，Fabless 是 Foundry 的客户。IP，指的是享有半导体核心知识产权的公司，可以通俗地把 IP 理解为芯片核心架构的技术服务提供商，今天这方面有名的是 ARM。ARM 作为 IP 提供商，它为德州仪器、高通等提供芯片技术架构设计服务。Package，这是 Foundry 的下游厂商，主要是指一些封装测试企业，比较著名的代表是中国台湾的日月光公司。

我们可以简单理解为，IP 加 Foundry 加 Fabless 加 Package，这些环节加起来就等于 IDM。当前的全球半导体产业链，一体化的产业链构成和分段化的产业链构成同时存在。

台积电是全球第一大 Foundry，它于 1987 年在中国台湾地区新竹科技园成立。2010 年，台积电的收入总额达到 133 亿美元（约 915.77 亿元人民币），同比增长 48%。台积电每年的半导体芯片总产能达到 430 万片，占据全球半导体 Foundry 市场 60% 的份额。台积电一共有 400 多个客户，大部分都是一些我们耳熟能详的半导体设计公司，包括德州仪器、高通、

Broadcom 等。台积电不仅份额在全球领先，更重要的是，它的出现改写了整个半导体产业链的游戏规则。

在台积电出现之前，全球半导体产业只有一种模式，也就是 IDM 模式。台积电出现之后，整个半导体产业出现专业化分工，并且日益成为一种趋势。造成这种现象的原因主要是半导体制造业具有明显的规模型经济特点，适合大规模生产。随着制造工艺的进步和晶圆尺寸的增大，单位面积上能够容纳 IC 的数量剧增，成品率显著提高。企业扩大生产规模会降低单位产品的成本，提高企业竞争力。此外，半导体产业的投资十分巨大。一般而言，一条 8 英寸（为 20.32 厘米）的生产线需要 8 亿美元（约 55.11 亿元人民币）的投资，一条 12 英寸（为 30.48 厘米）的生产线需要 12 亿～ 15 亿美元（约 82.66 亿～ 103.32 亿元人民币）的投资，而且每年运行保养、设备更新等成本占总成本的 20%。这意味着，半导体的制造越来越成为巨大的负担。正是在这样的背景下，有中国台湾地区“半导体教父”之称的张忠谋离开德州仪器，于 1987 年创立了台积电公司，这标志着半导体产业垂直分工模式的开始。

台积电只做代工，也就是 Foundry，不做设计。Foundry 的出现降低了半导体设计业的进入门槛，因此催生了大量的中小型设计厂商 Fabless，Foundry 和 Fabless 共同发展，促使半导体产业垂直分工模式走向繁荣。随着以台积电为代表的 Foundry 引领的半导体产业垂直分工模式的趋势的加剧，Foundry 在整个产业链中的地位日益重要，甚至这种垂直化分工的产业链结构改写了 IDM 模式，其中包括早期的 IDM 厂商，德州仪器也将自己的制造业外包给 Foundry 来执行，计算机芯片厂商 AMD 同样如此。甚至在 2009 年和 2011 年，IDM 模式的坚守者——Intel 与台积电开展合作，把自己部分基于 Atom 架构的芯片制造业务外包给台积电。这足以说明，垂

直化分工的产业趋势正在加剧，而 Foundry 和 IDM 之间的合作也将日益紧密。这一点随着当前半导体制作的加工工艺设备成本直线上升，而更为明显。许多 IDM 厂商无法通过投资生产线实现收益，而 Foundry 可以为多家企业代工同类产品而实现规模经济获益，因此这将促使 IDM 厂商将制造外包给 Foundry 厂商。

台积电是比较早就意识到进行平台化开放的 Foundry，甚至把这一点作为其商业模式的核心所在。在设计过程中，台积电为它的客户提供了基于互联网的技术资料查询服务，它的大客户不需经过任何人工服务就可以得到它所需的信息。台积电的数据库也对大客户开放，它的大客户可以通过互联网的手段查询到约占台积电 90% 的技术资料。这样，就使它的 Fabless 客户，借助台积电以及第三方提供的设计工具和基础模块，使其半导体芯片的设计生产效率大大改进。在生产过程中，它的大客户可通过台积电的公司网站，查询芯片在台积电的生产过程。客户可以得到每天芯片在生产过程中处于哪一个阶段的反馈信息，并且可以较灵活地做出调整和变更。

台积电不仅仅把自己视为一个制造厂，还把自己看成一个衔接 Fabless 和 IP 的中间交易平台。自 1998 年开始，台积电公司就开始与硅谷的 IP 技术服务提供商签订了合作协议。这些IP企业并不预先向台积电收取任何费用，但是充分公开自己的技术资料，这些 IP 企业的盈利是在台积电生产出芯片完成售卖之后收取版税。这样台积电就享有了最顶尖的 IP 构建资源，可以帮助它的客户 Fabless 免费获得这些 IP 公司的设计，从而减轻了 Fabless 的现金负担。在台积电公司，其数据库中的 IP 构件随时处于更新之中，其不断更新的目的是帮助它的客户生成最新的产品设计。这样，在 Fabless 要一款新芯片的时候，通过搜索台积电公司的数据库，就可以找到自己需要的基础构件技术资料。

台积电还为它的客户提供周到的服务，除了设计和制造之外，还帮助它的客户加强对于产品良率的控制。因为对于 Fabless 来说，产品质量和性能是非常重要的，一旦投入生产，这些产品的产量会迅速地达到数百万件。以一个典型的半导体芯片来说，要在一个仅 0.25 微米大小的互补金属的氧化物半导体中装入几千万个晶体管，其复杂性极高。而 Fabless 往往不具有测试验证封装这些半导体的能力。在这种情况下，台积电和第三方的一些合作伙伴一道，保证了高水准的芯片生产质量，同时为它的 Fabless 客户提供组装、质量保障、保证可靠性和测试等各个方面的综合服务。当这样的过程完成后，Fabless 可以把台积电已经测试和封装完毕的产品直接发送到零售市场。

2008 年，台积电宣布推出全新的创新开放平台 OIP 计划，也就是结合台积电技术并吸纳第三方的 IP、IC 设计服务提供商，为台积电的 Fabless 客户提供完整的、从设计到制造、封测的全套服务。台积电的 OIP 的结构是这样的，从横向来看，它的服务分成设计服务、封装服务，基于 Web 的生产监控服务和组装测试服务；从纵向来看，它的服务又包括电子化代工服务、质量可靠性服务、客户支持服务、组建制造服务、数码仓服务，这就是整个 OIP 体系架构的构成。

台积电认为，Foundry 将越来越充分发挥半导体产业上下游黏合剂平台的作用，因此，台积电凭借以往为客户代工所积累的生产信息和工艺技术知识，同时串联起相关的 EBA 服务提供商、IP 服务提供商和制造封测提供商，可以为客户提供一揽子包括设计、生产及封测的服务，协助其客户大幅度缩短半导体芯片的生产流程，降低整体成本。OIP 平台是台积电整合业界各方

资源所打造的一个生态环境，它可以实现台积电的工艺、IP 与 EBA 工具的充分的结合，而且帮助它的客户节省大量的时间，并降低端到端的风险。到目前为止，台积电的 IP 库合作伙伴已经达到了 38 家，总 IP 数超过了 3000 个，所有的合作伙伴都已经参与到一个或者多个 OIP 项目中。

由此可见，随着 OIP 的退出，台积电在以往开放的基础上更加完备、体系化地推出了自己的平台化战略。从这个意义上讲，OIP 的推出已经不简简单单是作为一家 Foundry 的增值服务，而是台积电正在试图改变整个产业的游戏规则，它正在打造一个产业联盟平台，通过产业联盟平台，形成运作良好的产业链互动的内部盈利模式和协作关系。从长期来看，台积电是最有可能成为影响整个半导体产业的一个平台化的企业。

台积电的平台化战略，正在充分发挥自己运营资产的公用优势，使平台上的生态成员所开展的价值创造活动得以系统化。这里运营资产的公用优势指的是，台积电创造出了为生态体系中众多合作伙伴所共同利用与分享的资产，这种资产可以是实物方面的，比如说台积电的生产线，也可以是智力方面的，如台积电的 IP 资源、设计工具资源，以此推动平台上的所有生态成员不断地为整个体系创造出更多价值，从而有效地促进台积电以及其生态体系成员分享剩余的潜能。通过台积电的案例，可以总结出外包承载性平台运营实施的六个关键策略。

第一，要创造高价值的可共享的资产。

与纵向一体化的也就是 IDM 这样的模式比较，台积电以更有效的方式生产出品种广泛的半导体产品，并且随着合作伙伴的增多，这种规模的经济效应将大大提高，从而达到最优的盈利水平，作为世界上最大的半导体制造企业，台积电模式就是建立在这样的前提设定上。

第二，创建并管理实物与信息方面的中枢。

由于台积电在整个生态体系中的独特性，它需要跟外界的生态体系成员之间拥有广泛的联系。台积电战略成功的根本在于其利用了庞大的商业网络，不仅包括实物资产对接，还包括制造与设计的对接、制造与封测的对接，还涉及智力资本，如多年积累下来的工艺经验以及 IP 与 EBA 资源。

第三，支持信息标准的统一。

平台化企业可以通过促成统一信息标准的制定，而获得在全体系范围内公用信息资源的优势。这样，生态体系中的成员，可以方便地获取存储于平台企业或者生态系统中任何其他成员的信息，包括 IP 资源、IC 设计资源、EBA 工具设计资源、质量验证资源，等等。如果在整个生态体系中，这些信息还没有一个统一的标准，那么推动统一标准的创建，就会责无旁贷地落到平台企业的身上。

第四，要创建、打包、共享高科技水平的工具。

这些可共享的工具将使生态体系内企业的生产力得以提高，同时还可以使创新成果快速传播至整个网络，并鼓励潜在的成员企业加入到生态体系中。例如，在台积电构筑的生态体系中，没有一家 IP 公司可以忽略台积电所构筑的生态体系，它们都非常乐于把自己的 IP 构件免费提供给整个生态体系使用，因为这也意味着它们的技术服务能够以最有效的形式扩散到整个生态体系中，从而最大限度地占领市场空间。

第五，建立并执行评估标准。

平台企业需要不断地评估整个生态体系中成员企业的表现，以确保整个生态体系的健康。正如台积电对自己的合作伙伴，包括 IP、EBA 提供商的评估都是非常严格的，而这些合作伙伴也乐于接受这样的评估。因为一旦评估通过，被纳入整个 OIP 体系中后，这些以前可能不为人知的企业将为台积电的质量“背书”，能够快速提升其在业内的声誉。

第六，在信息的集中处理及沟通协调中降低不确定性。

平台企业可以通过产业变化趋势和机遇等信息的集中处理，从而对其生态体系中的合作伙伴产生重大的影响。例如，台积电采取的对信息集中处理和发布的方法，包括广泛发行文件，对标准和技术框架做出解释，召开会议促进生态体系之间成员开诚布公的对话，共享技术战略和路线图，积极参与相关产业机构标准化组织的活动，等等。通过共享信息和降低成员客户所面临的不确定性，台积电能够为整个半导体生态体系创造巨大的价值。

一律下沉

在移动互联网时代，一个平台最主要的特征就是开放，也就是把自己的底层能力、资源等进行充分开放，供第三方调用。这意味着，平台化企业需要把自己在商业生态体系中的定位层次尽可能下沉，进而把自己的核心能力进行提炼、抽象和封装，提供给整个商业生态体系中的合作伙伴使用。一般而言，这种开放的模式分为四类。

第一类，技术能力开放。

这也是最常见的开放。比如说 Salesforce 是一家客户关系管理领域的软件巨头，它把自己的底层能力，包括供应链管理、货物跟踪、品牌管理、应收账款、投诉管理、人力资源管理等诸多的能力，经过封装后开放，可以由自己的合作伙伴所调用，这些合作伙伴大多是一些咨询公司、软件公司和系统集成公司。

一方面，Salesforce 把自己的独有应用技术，充分地开放给了自己的合作伙伴，使自己 CRM 的解决方案，为更多的客户和更多的第三方合作伙伴所调用；另一方面，这些合作伙伴也不断地丰富着 Salesforce 的软件应用。当然，随着合作伙伴的需求增多，也会不断给 Salesforce 的开放能力带来更多要求，这也推动着 Salesforce 逐渐优化完善自己的底层计算平台，使之日趋强大。

第二类，know-how 开放。

一个商家把自己在某领域取得的营商经验和理解进行产品化，提供给商业体系中的生态伙伴就是 know-how 开放。在电子商务领域，一些先行者已经开始把自己的经验转化为平台服务输出，比如亚马逊。它通过对自己在商业体系中的层次下沉，把自己获得非常好理解的电子商务运营过程，比如说建立网站、规划交易流程、管理订单、管理商品上架、管理搜索等整个服务进行打包，提供给企业用户。美国第二大零售商 Target，就把自己的电子商务所有的全套流程，从建立网站到后台物流到订单处理到交互都外包给了亚马逊。这一项开放型服务使亚马逊的收入日渐提升。

第三类，资源开放。

在这一类的开放中，商家把自己所掌握的一些底层的资源拿出来，供自己的合作伙伴调用，以此来打造一个全新的生态体系。电信运营商就在进行越来越多底层资源的开放，比如说开放通讯录，也就是电信运营商把自己的通讯录以 API 的形式供一些社区网站、视频网站、电子商务网站、邮件服务商调用，这些第三方应用程序可以把用户应用账号和电信通讯录账号绑定，从而形成一个统一通讯录，帮助用户实现在互联网虚拟层面和在实际人际关

第 6 章
如何敏锐捕捉产业拐点，实现弯道超车？

【案例】旧商业生态的坍塌

在商业丛林中，当进入到产业变革剧烈期，往往会发生异质商业力量的大规模入侵，也可能发生产业环境的急剧变化，这些因素所导致的结果往往并不是个别物种的衰亡，而是极有可能导致原有商业价值链的整体坍塌，致使整个产业生态发生重大变化。

对于一个良性生态系统来说，最重要的是物种比例均衡和食物链相对稳定。如果系统中突然出现一个陌生的外来物种，尽管它可能是出于某种善意而被引入，但同样有可能造成当地环境压力增大、食物链破坏、生态系统紊乱等诸多问题，甚至还会引发灾难。

举例来说，澳大利亚原本没有兔子，殖民者在开发澳大利亚的初期，引进了欧洲的兔子。澳大利亚温暖的气候、丰富的牧草，为兔子提供了良好的生存条件。加上澳大利亚缺少兔子的天敌，兔子就开始以惊人的速度繁殖起来。

几年过后，在澳大利亚的草原上到处都可以找到野兔的踪迹。野兔的灾害主要表现在两方面，一是庞大数量的牧草被消耗，另一方面野兔在草原上到处挖洞筑穴，毁坏了牧草的根，造成草场的大面积退化，严重威胁畜牧业的发展，畜牧业产值开始大幅度下降。1928 年全澳兔子总数多达 40 亿，而澳州总人口才 600 万。人们为了消灭兔子，引入兔子的天敌狐狸，没想到兔子没灭多少，却导致本土的 11 个动物种群灭绝了。1950 年开始人们开始使用生化战术对抗兔子，引入了黏液瘤病毒，让兔子感染黏液瘤病毒而死亡，实现了兔子数量减少的目的。但时间长了兔子开始对这种黏液瘤病毒产生抗体，直到现在科学家还在研究新的病毒来对付兔子，人类依然没有在大战中完全取胜。

还有些生态系统的变化并不是由于外来物种，而是由于外部环境的突然变化。在联合国发布的一项报告中，目前在全球 10 处地区，气候变化已产生相当的负面后果，报告着重提到了脆弱的珊瑚礁生态系统。澳大利亚大堡礁以及其他珊瑚礁生态系统仅占海底表面的 0.25%，却维持着 25%的海洋生命。报告警告说，这些珊瑚礁正急速减少。报告中还指出，如果全球气温平均上升 2℃，就会导致地球上的珊瑚礁褪色，进而给依赖珊瑚礁生存的众多物种和地方经济造成灾难性后果。报告还提到，亚马逊森林栖居着地球上近三分之一物种。如果全球平均气温在 1990 年的基础上上升 2℃ ~ 3℃，60%的亚马逊热带雨林将变成半贫瘠的热带大草原。一些物种很可能在被人类识别前就遭灭绝。

商业丛林中的规则与自然界相似，人们往往倾向于低估生态体系的脆弱性，但事实上，一个商业生态体系在外部环境发生重大变化，或面临外来物种入侵的情况下，整个生态系统的面貌可能会被完全改写。接下来，我们可以看到“生态平台盟主”型的传统企业是如何踏入陷阱的。

微软和英特尔两家企业，代表了 Wintel 价值链体系，这两家企业都是 IT 行业平台盟主级的巨头，但在进入移动互联网时代之后，其“生态平台盟主”的地位已经出现明显松动，安卓和 ARM 平台呈现出明显的取而代之的趋势。这种盟主更迭背后原因就在于，整个行业生态环境已经发生了重大变化，相对于安卓和 ARM 这些平台挑战者来说，微软和英特尔对生态环境的变化呈现出明显不适应，使得其盟主地位岌岌可危。

第一，移动互联网时代的最终产品，是由平台、平台的合作伙伴、相关开发者，乃至用户共同完成定义的。移动互联网时代的平台具有显著的半成品特征。

在 PC 时代乃至手机产业发展早期，当用户拿到一款产品的时候，这款产品事实上是由核心操作系统和 CPU 芯片完成主要特征定义的，比如终端产品的基本性能、功能、所具有的应用，用户只是作为一个普通的使用者来使用这款产品。甚至不要说用户，在 Wintel 时代，伴随着每一款 Windows 和 CPU 芯片的升级，它们已经界定了每一款 PC 所能够达到的基本状态，留给 PC 厂家或者手机制造者的任务只是做一些外观的简单改造。总体来看，在移动互联网之前的时代，产业中所奉行的游戏规则是平台主导者直接掌控了平台价值链的大部分价值创造活动，这是那个时代的基本特点。

但是在移动互联网时代，游戏规则发生了巨大的变化。由于移动互联网时代的应用多样性大大丰富，终端厂商都试图借鉴 Apple 模式，要有自己独特富有竞争力的产品性能和设计，同时最好还要拥有自己的应用程序商店；应用软件开发商也希望基于不同的平台，以及基于自身对于用户的理解，开发独特的程序以便在市场中站住脚；与之前的手机不一样，用户在拿到一款智能手机之后，可以自主选择给这个智能机中安装什么样的软件，甚至可以给操作系统重新刷机。因此，在移动互联网时代，无论是用户、终端制造商，还是应用开发商，它们对于这个产品定义所介入的深度明显增强了。换言之，价值链上的每方力量，都希望自己能够在整个产品完成的环节中有充分的表达、介入和影响。因此，从本质上看，移动互联网时代所提供产品对于任何一个环节而言都是半成品，都需要由其他环节共同来完成最终的制作。所以从这个意义上来讲，我们把移动互联网时代叫作一个价值链共同定义的时代。

第二，移动互联网时代的产品价值要素发生了显著变化。

回想一下在 PC 时代，一个好的 PC 的标志是处理速度更快的 CPU、更大的存储空间、更强劲的操作系统功能。但是在移动互联网时代，随着智能终端的普及，可以发现让消费者敏感的关键因素开始发生变化，比如智能机的电源性能以及背后隐藏的功耗问题就越来越凸显，这个时候，计算速度快一点慢一点似乎显得没有那么重要。事实也证明了这一点，苹果的 iPhone 处理器性能在任何一个时点上都不是当时最佳的，但是 iPhone 取得的成功有目共睹。移动互联网时代消费者的敏感要素已经开始发生了变化，不仅是功耗问题。此外应用的丰富程度、应用下载和使用的便利性都是消费者更加在意的，甚至决定了他是否选择这款产品。在 PC 时代由 Wintel 所界定的大部分游戏规则以及产品的价值要素，在移动互联网时代已经悄无声息地发生改变。谁能够在移动互联网时代捕捉住消费者对于全新价值要素的脉动，谁就能够在移动互联网时代取得成功。

第三，各方力量的挤压要求全价值链低成本化。

这一点也显著的差异于 PC 时代，在 PC 时代似乎已经形成了这样的默认规则，就是用户需要为每一次 Intel CPU 芯片的升级以及 Windows 新品推出支付更多的费用。这两家企业也正是通过这样的持续升级策略，赢得了丰厚回报。但是在移动互联网时代特别是在智能机快速发展的过程中，这一点已经在开始发生改变。比如，智能机的发展过程中，运营商为了改变自身的市场地位，希望借助智能机作为驱动用户规模的关键抓手。从运营商的角度来看，它们会力推更多低成本的智能机，愿意为低价智能机提供更多的补贴，这对于智能机成本提出了很高的要求。再比如，在半导体设计和制造行业，这个行业由于竞争的激烈，利润已经逐渐趋薄，因此芯片设计和制造商都迫切地希望通过一些技术资源复用来降低自己的设计和开发成本。

对于开发者和手机终端制造商来说也是如此，如果操作系统或处理器费用过高，将极大增加终端或者应用的售卖难度，从它们的诉求来看，也迫切希望整个价值链的成本能够走低，以保证竞争力。总体而言，我们可以看到，甚至从移动互联网的最主流应用方面，大量的免费应用开始出现，这事实上也构成了一种下游的商业挤压力量，这种下游的免费浪潮势必会倒逼整个生态基石型平台的上游环节把成本降下来，因此移动互联网时代是一个要求全价值链进行成本有效控制的一个时代。

第四，开放合作成为必然之选。

由于这个时代终端类型多样、应用丰富、商业模式多元，如此复杂庞大的商业生态体系不是任何一家企业所能够承担的。这里对整个产业的要求是能够分工有序地配合，在自己的专业领域内，做好自己的价值创造部分，其他的工作都交由合作伙伴完成。这暗含着对每个价值链环节企业都提出了这样的要求，在自己的价值链环节拿到足够的收益之后，要能够把价值让渡给价值链的其他合作伙伴。这里比较典型的就是 ARM。ARM 作为一个 IP 核的专利授权企业，设计制造等后序环节它都不再介入，因为 ARM 如果想要它的技术能够最大化地被使用，就必须让其所有下游的环节取得足够的收益。

对于安卓也是如此，在智能机竞争如此激烈的情况下，每一款智能机的价格都是高度敏感要素，在这个过程中，如果能够让合作伙伴最大化地获取收益，势必会拉动安卓平台的快速成长。由此安卓平台采取了免费发布这样的策略，把直接收益让给合作伙伴。因此在移动互联网时代第四个非常重要趋势就是价值链开放协作，所有企业之间必须形成一种有效的默契，愿意并且采取实质性的行为把价值让渡给相关的合作伙伴，由此才能带来整个产业链的繁荣。

回到前面的问题，为什么微软和英特尔的“盟主地位”在 ARM 平台和安卓平台的进攻之下，显得岌岌可危?

第一，Wintel 联盟没有做到“举价值链之力完成产品定义”。

首先，在移动互联网时代所要求的，举整个价值链之力来完成产品的定义，在这一点上安卓和 ARM 几乎做到了极致。安卓平台只做操作系统，通过透明和免费的开放，把所有围绕这款操作系统的后续产品开发定义、应用导入全部由合作伙伴乃至最终用户完成。这等于激发整个手机设计和制造以及应用软件行业的活力，由大家共同来完成这样的定义。于是在市场结果上，HTC、华为甚至一些电信运营商，比如中国移动都曾竞相推出自己基于安卓的终端新品或操作系统新品，整个产业链共同来完成面向用户最终产品的整体定义。ARM 也是如此，ARM 只做专利授权，后序的工作是由高通等合作伙伴把 ARM 的 IP 核用到自己的 SOC 设计里面，进而把芯片嵌入到不同的终端设备中去，包括智能手机、TV、智能家电等。

与之形成对照的是，Windows 和 Intel 所形成的 Wintel 联盟，在 PC 时代事实并不是由整个产业链来定义最终的产品，一款 PC 产品事实上已经绝大部分由 Wintel 联盟完成了整体的定义，后序的制造商及至软件开发商所能够优化和改进的空间非常少。这也是后来在进入移动互联网时代后，越来

越多的体系成员会选择安卓或是 ARM 这样的新平台去合作，其原因就是所有价值链成员都不希望只是给核心平台打下手、当苦力。

第二，Wintel 联盟一直引以为豪的价值特色，在移动互联网时代的重要性下降。

对于移动互联网时代价值要素变迁的顺应方面，一个生态基石型平台如果能从底层角度去开展，面向移动互联网去进行整体设计，自然会极大减轻上层后序跟进者的开发难度，由此这些平台也必然会受到追捧。像安卓系统中大量面向移动互联网时代的特性定义，包括摄像头使用、地址簿管理、信息的导入和有效的分发、重要互联网应用资源的快速登录、界面的平滑和友好等，这一系列的特质都是移动互联网时代所需要的。在操作系统领域，包括 Windows 也包括日渐式微的塞班系统、惠普 web OS 等系统，普遍的观点是其系统普遍偏“重”，对移动互联网时代用户的敏感要素，包括对于 UI 的体验，都没有做到像安卓平台这样互联网化、轻型化。

在移动互联网时代，人们更加敏感的是功耗这些关键性能指标，而 ARM 在这方面表现极佳。因此，ARM 平台已经形成了在移动互联网时代的新“霸主”态势，直到现在英特尔也没有大规模实质性地进入移动终端的芯片市场，其原因就是，英特尔始终没有在功耗等关键性能上，形成与 ARM 对等的实力。由此可见，对于移动互联网时代所需要新性能和新价值要素的理解，构成了平台成功的关键所在。

第三，Wintel 联盟始终致力于追求技术溢价，不符合全价值链低成本化的要求。

面向移动互联网时代的全价值链低成本化的诉求，安卓平台和 ARM 平台表现也不错。ARM 平台只做专利授权而不介入任何下游的设计和制造，从某种意义上讲，可以理解成为下游众多的芯片设计和制造企业把其中IP核的设计外包给了ARM来执行，也就是说ARM是伙伴们的一个公共外包平台，它的存在降低了整个产业链的芯片设计成本。安卓更是如此，安卓对于整个终端商和开发商的使用是完全免费的，这样的做法符合在移动互联网时代在各方力量挤压之下，要求低成本化的必然趋势。

第四，Wintel联盟始终致力于控制价值链，而不是让利于整个价值链。

关于移动互联网时代的价值让渡与分享方面。安卓和ARM采取的策略是并不期望占据整个产业体系中大部分的价值源。直到今天为止，ARM要比它绝大部分的合作伙伴的体量都要小，而Google也没有拿安卓来获得直接收入的意图，也就是说，它们做好了在价值链中应该扮演的角色，没有与其他价值链的环节争利，而是把大部分的价值都让渡给了其他的价值链的主要环节。事实上，随着华为、小米这些手机终端企业的快速崛起，反映了一个策略得当的生态基石型平台可以极大地激发价值链其他成员的活力。

一个生态体系盟主，如果不能适应外部环境的变化和新物种的冲击，注定会逐步走向脆弱，乃至最终坍塌。

谁将成为领导者？

移动互联网究竟是什么？

从不同的角度看有不同的解读。一个有价值的观察角度是，移动互联网是一个市场，是一个由双边乃至多边用户构成的市场。作为市场而言，如果想要有序地运转，就需要一个清晰的市场治理架构，包括这个市场得以存在

和运转的原型是怎样的？市场中的各方是如何相互借力、相互交互的，市场中各方应该恪守什么样的原则？市场中的优胜劣汰机制应该是怎样的？市场中的交易品应该如何定价？在回答以上问题之前，一个前提性的问题是：谁来为市场制定规则，并且监控这些规则？

从另外一个角度来看，移动互联网是一种技术架构。既然作为一种典型的技术架构，它内在的标准是怎样的？它的基础设施服务由谁来提供？它内部的模块关系与分层次关系是怎样的？同样，作为一种技术架构而存在的移动互联网，也需要有相应的技术标准的制定者和引导者。

此外，移动互联网是一种商业演进战略。作为一种商业演进战略而存在的移动互联网，意味着大大小小、许许多多的企业的战略创新活动在不停地涌动着。谁对于产业内外的创新活动进行协调，以保证这种创新活动是有利于整个商业的生态体系的健康的？

无论从哪种角度来考察，移动互联网时代都需要一个整体性的领导者。我们的研究结论认为，无论是作为市场、技术结构，还是商业演进战略而存在的移动互联网，一个有序的生态体系不会自动出现，而要依赖于一个强大的平台领导者，统筹地搭建市场治理结构，设计并运营技术结构，规划整个企业乃至生态体系的商业战略。这就是一个有价值的移动互联网时代的平台领导者。

那么什么样的企业有资格成为一个移动互联网时代平台的领导者呢？一个平台领导者需要具备以下几个条件：它需要是一个海量用户的拥有者，对于市场有足够强劲的影响力；它需要拥有强大的基础设施，能够在技术战略上支撑其商业战略；它能够起到一个创新引领的作用，能够引领整个产业链的创新走向；它应该是一个平台化商业模式的奉行者，或者可以相对便利地转换为一个平台化商业模式的企业。

从今天移动互联网发展的实践角度来看，无论是互联网巨头，包括百度、淘宝、腾讯、Facebook、谷歌，还是像中国移动、中国电信这样的运营商，或者是像苹果这样的终端设备提供商，都试图在移动互联网时代的商业生态体系中，成为一个新的平台领导者。抛开这些企业不同的出身，总体而言，我们的研究结论表明：担当平台领导者需要有一些共性关键成功要素。本文试图对这些关键的成功要素展开探索。

第一，移动互联网市场的有效管理依赖于构建一个合理的市场原型。

越是复杂的市场越是要对其内部的结构加以精心设计，以确保市场能够顺利运作，吸引到合适的买方和卖方群体，并支持它们的买卖行为，使各种群体的数量都保持在临界值以上，保证市场所产生的价值高于市场运营所需要的成本。

以苹果为例，苹果为其所处的商业生态体系提供了一个清晰的、可调节的市场框架。iPhone 不仅仅是一部手机，事实上代表了一种有序的市场运作模式，一边是为 iPhone 所吸引的海量用户，一边是基于 iOS 操作系统能够不断提供创新应用的第三方开发者，整个基于 iPhone 和 iOS 平台之上的市场，到目前为止就是一个有效的市场。这个平台充分激发了整个生态体系内部的智慧和创意，实现了对双边用户的有效协调，确保每一类群体都能均衡地达到各自的临界状态。所以，尽管 iPhone 起步比许多传统的手机巨头都晚，但是它却取得了巨大的成功。

Facebook 也同样如此，Facebook 把自己定位为一个设计有效市场的平台领导者的角色，通过对第三方开发者的有力支持，使它们能够更加轻易地创造更有价值的应用。Facebook 平台也成了一个应用软件开发商能够成规模地触及网络用户的最好方式。这种市场化的设计模式，事实上相当于

Facebook 把商业生态的功能选择交付给了成千上万个开发源，并且由用户也就是由市场自行决定，哪些功能可以被留下，哪些被淘汰，从而极大地增强了用户的体验，保障了市场的顺畅运转。

就一个成功的市场原型而言，并没有什么硬性规定哪一类企业可以担任领导者，事实上正如我们已经或者即将要看到的，承载这个平台的，可能是像 Facebook 这样的 SNS 平台，也可能是像新浪这样的微博平台，或者是像 Q+ 这样的综合桌面平台，也可能是像淘宝这样的交易平台，无论是哪种平台，都需要搭建一个使双边及至多边用户能够有序顺畅交易的有序的市场原型，这样整个市场才具有了在商业上存在的基础。

第二，保持移动互联网市场的灵活性，推行试验性的市场选择。

移动互联网时代的许多活动是在试错中完成的，也就是说在一个比较纯粹的市场环境下，不能奉行计划经济的模式去规定哪些应用可以被用户接受，这只能由市场自然决定。在这个过程中，平台领导者所要发挥的作用是，鼓励在平台之上的应用开发者们，通过分析和选择市场，在其所选定的领域做出不可逆转的承诺和投入。

例如，阿里巴巴集团所构筑的大淘宝平台，是通过大量的用户分析，观察买家的行为，把对于这种行为的理解，提供给相应的开发者，以供开发者做出自己的合理选择，去强化巩固整个基于交易的核心市场；像 360、新浪、盛大，则是通过创设一种激励机制，以投资的方式，支持开发者面向其目标客户做出努力；腾讯则鼓励其员工保持灵活性，甚至愿意为其员工的自我创业投入一部分的资金。

所有这些努力都是平台领导者鼓励开发者进行试验性的市场选择，这隐含了一个基本假设是，平台领导者在推进整个生态体系演进的过程是一个不断试错的过程，也是一个渐进的过程。这决定了平台领导者需要做的一些关键举措，包括密切跟踪并分析其平台之上所黏着的最终用户群，把机会提供给自己的开发者，如果所开拓的市场领域被证明是有前景的业务模式时，那么平台领导者会继续不遗余力地推动整个生态体系承诺并投资于这个市场。

平台领导者对于整个市场的理解和推进，并不是以高层管理者为主的自上而下的战略分析法，这种方式有其可取之处，尤其作为一个松散企业之间耦合形成的生态体系，在市场潜藏着巨大的不确定性和复杂性的时候，这种方式就更显得有突出价值。以淘宝开放平台为例，淘宝通过一系列举措，不断引导淘宝平台的开发者，按照某种方向进行开发。在这个过程中，作为整个体系的领导者，淘宝并不能够规定或者指定开发者开发什么样的应用。但是，作为生态体系的领导者，它完全可以有些方向性的预判，或者提供充足的信息，供这些开发者进行选择。比如，在淘宝开放平台中，针对外部独立网店的独立品牌诉求、独立域名、独立的店铺展现、营销推广、客户管理、精准营销、统计分析、商品管理等方面的需求，淘宝开放平台会引导开发者面向这些客户需求提供卖方营销平台、存货管理、物流管理、物流服务、系统数据分析、金融货款服务、卖方拍卖及报价等种类的工具和应用；针对广大论坛、SNS 的中小站长渴望将流量变现带来成交和新客户的需求，淘宝平台也会有序地引导开发者，试图推动开发 Flash 展示插件、店铺展现工具、让论坛内容与系统结合的插件、积分或虚拟币的返还等多类应用。

第三，平台领导者要善于从生态体系中借力，特别是要通过对开发者提供积极的支持，使商业生态体系的规模扩展和可适应性达到最大化。

一个精心设计的移动互联网市场，应当保证交易活动内部投入最小化，而外部收益最大化。平台领导者有必要通过一些综合性的、易于使用的、成

套工具的设计，使其市场参与者能够顺利参与到体系活动中，以便使开发者成本最小化，而达到市场规模的最大化。

以盛大开放平台为例，其就是通过对于盛大下面各个子平台能力的全面开放，包括游戏 API、文学 API、棋牌 API、视频 API、影视 API 等，以及必要的认证 API、用户行为分析代码 API、支付计费的 API 及广告 API 等，便于开发者调用，给开发者实现最大程度的支持。

有些时候，对于开发者的支持，平台领导者还需要通过以投资扶持的方式，帮助第三方开发者成长，例如新浪联合红杉资本 SIG 等，申请了中国微博开发者创新型基金，这个基金投资方向就是面向基于微博和社交的应用、工具、内容和游戏。

第四，作为市场设计及运营监控的平台领导者来说，要尽量不参与自创市场的交易活动。

由于潜在冲突的存在，旨在创设和运营市场的平台领导者应该格外小心，尽量不要参与到它们自己所管理的市场交易活动中。比如 eBay 公司，它从来不在自己创设的市场中直接交易。

在这些上规模的众多移动互联网市场中，其交易流量都相当大，直接参与交易可能会给企业带来无法承受的风险，但其更大的坏处在于，如果平台领导者参与到其所创立的市场中，相当于它既担当运动员，又当裁判员，这将引起价值链伙伴极大的不信任，并将彻底损伤平台领导者所具有的公信力和独立性。平台领导者需要声明并且采取具体的行动，向交易的各方表示，它们希望彼此成为长期的合作伙伴，并且不会进入这些市场，但是真正的声誉，是通过行动赢得合作伙伴的信任。成功的平台领导者必须建立起相应的声誉，不要因为一时贪婪或者冲动，超出它们的业务范围，而进入到其合作伙伴开发的商业领域。

在这方面，近几年纷纷启动平台化进程的互联网公司，仍然没有得到业界的普遍信任，其原因就在于这一点。腾讯推出了 Q+ 开放平台，但是业界普遍的观点是，腾讯自己既在做平台，又在自己开发应用，还会投资与之相关的公司，既是运动员也是裁判。规则的制定权掌握在腾讯手中，不排除腾讯随时可能会介入到其他商业合作伙伴所处的领地。

因此值得思考的一个观点是，不要介入自己所构筑的市场，不仅仅是一个商业策略问题，同时也是一个商业道德问题。作为一个平台领导者既然走的是开放路线，就要在接受开放带来好处的同时，承担起开放可能支付的代价，特别是对于已经登录自己开放平台的即将纳入交易的市场产品有基本的尊重意识。需要秉承的一个基本商业道德原则是，作为一个开放平台，哪怕放弃有利可图的市场，也要始终维护市场秩序的健康。

第五，平台领导者有必要为市场建立一个信用管理的评定系统。

信用对于市场的持续发展有根本性的影响，信用体系是市场设计中最基本的内容。信用体系对于成功的市场运营之所以至关重要，就是因为它最终将使交易成本和风险降低。高信任度的市场在吸引顾客、第三方开发者及其互动方面只需要花费很少的成本，这意味着有高信任度的市场将容易获得拓展。

当前在中国开放的移动互联网平台上，对于市场参与者最通常的评价还是基于绩效表现的评价，比如按照其用户数或活跃用户数的多少，可以进入规模更大的市场之中。但从长期来说，比业绩评价更重要的是信用评价。一个可以参考的案例，就是中国移动的移动梦网平台，移动梦网平台在经历了几年高速发展之后，现在日趋式微的很重要的原因就在于，移动梦网创建了

一个 SP、CP 与用户交易的平台，但是平台上存在着大量屡禁不止的恶意订购、欺诈交易现象，极大地败坏了整个生态体系的名声。在移动互联网领域，信用的丧失将导致整个交易体系崩溃。平台领导者有必要制定并且捍卫整个市场的作用体系。

第六，平台领导者需要为市场确立定价机制。

价格对于获得用户和第三方开发者关系重大，是市场设计和管理的重要内容。这里的定价不只是商品到达用户的定价，还包括平台为第三方开发者接入所制定的价格。对于平台领导者来说，应该确定合理的价格，确保将各类群体吸引到市场中以形成整体平衡性的组合。一个好的定价应该能够保持多边市场的成功运营，通过合适的定价确立对市场参与者的激励机制，这意味着平台领导者能够在吸引和保留所需的市场参与群体中少花力气。因此，定价策略对于市场运营中的成本有着根本性的影响。

定价设计问题是多边市场运营中一个非常有趣而且复杂的问题，也存在多种定价模式，例如在淘宝开放平台中，大部分提供给买家的工具都是免费的，主要通过广告分成，为开发者获取利益。而卖家应用的工具销售则往往有几种定价模式，包括应用工具收费，或应用工具免费但参与收益分成等模式。

对于正在进行市场搭建期的平台领导者来说，绝大多数情况下，面向开发者所采取的定价策略，往往是非常典型的倾斜策略，也就是通过给予开发者较高的分成比例以及大量免费使用的资源，来吸引开发者加入，从而快速扩充生态体系资源，再通过生态体系资源的扩充带来用户流量的进一步增加，从中再寻找全新的商业模式。

第七，平台领导者时刻要保持对于市场的有效监管治理。

平台领导者有必要对一些潜在的恶意行为进行控制。在这方面，有的平台领导者已经做出了积极的尝试。Facebook 作为开放平台的始祖，其第三方开发者的许可协议也更为复杂、精细，包括从一般性的《Statement of Rights and Responsibilities》到针对开发者的《Developer Principles & Policies》、发布广告的《Advertising Philosophy》、宣传活动的《Promotions Guidelines》，详细界定了开发者的各项权利以及义务。

同时，平台领导者要时刻关注对于用户隐私和用户信息筛选的保护。Facebook 对接入自己的第三方开发者还提出了这样的要求，即强调分享的主动性，不欢迎任何激励性质的分享；第三方不能在其应用周围嵌入其他广告；对于发布信息到 News Feed 做出了详细的约束，保证用户不用受到过多的打扰。开心网开放平台对于开发者的要求是开心网审核之后才能上线；禁止开发者跟踪用户行为；开心网会提供一些应用的基本运营数据；开心网需要进行内容是否符合国情的审核，比如屏蔽掉某些关键字等。

前面分析了作为平台领导者的一些关键原则和策略。事实上，要真正把握生态体系的平台思想，这些企业需要在管理者的哲学观上有所转变。

平台领导者必须认识到，在移动互联网时代商业进化的真正的实质是，企业越来越多的资产位于其边界之外，一个平台型企业在很大程度上取决于该组织与生态相连接的能力。作为平台领导者，为了持久的生存与成功，必须要通过自己的努力，建立并维持与平台相连接的生态体系，这是需要平台领导型企业和其伙伴们协同完成的工作。

平台领导者的使命和职责就是付出努力推进整个生态体系成员的共同演化，这将取得激动人心的商业进化过程的结果。商业生态体系基本的哲学观点是，个体企业的生与死，应当取决于它们所在的商业体系的健康状况。

站在门口的“野蛮人”

传统企业现在面临的普遍挑战是，越来越多的移动互联网企业像“站在门口的野蛮人”一样抢走你的生意。让老板们焦虑的是，这种跨界颠覆似乎防不胜防，难以抵挡，更不知道如何出手反击。走出焦虑，制订明晰战略的前提是，你要清楚移动互联网企业为什么会抢走你的生意。

第一，移动互联网，使得线上的虚拟世界与线下的真实世界彻底打通。那些“站在门口的‘野蛮人’”由此进入了现实商业。

思考一个问题，互联网在中国已经有近 20 年的历史，但为什么是到了最近几年，移动互联网对传统商业世界的颠覆在陡然加速？

互联网从机理上看，是建立在虚拟交互的基础上的。互联网时代的名言是：“没有人知道在互联网的另一端，是一个人还是一条狗。”这句话的实质是，如果你不开放信息，其他人或隐藏其后的信息系统永远不知道你是谁。大量的互联网应用和商业模式都是建立在虚拟连接基础上的。那时，传统企业的老板可以感觉到互联网的力量，但似乎又感受不到对自己线下“帝国”的影响，因为基于虚拟连接的互联网没法抓住你的客户。

但进入移动互联网时代后，情况发生了很大变化。以微信为例，想一想安装微信后的一个基本动作“读取手机通讯录”，这一个看似简单的动作，瞬间使得移动互联网企业拿到了每个人的真实信息和真实的社交关系信息。所以说，如果把一个人所处的世界分成两个层面，一个是虚拟的线上世界，一个是真实的线下世界，当进入到移动互联网时代后，这两个层面开始融为一体，那些“站在门口的‘野蛮人’”由此进入了你的客户群，进入了你的生意。

第二，互联网企业更容易影响用户。

以腾讯为例，腾讯以前只知道用户的 QQ 账号，现在通过微信又掌握了用户的手机号。假如，腾讯跟你从事同样的生意，腾讯想向用户进行影响传播的时候，可以直接抵达用户，而且既可以通过 PC 桌面进行，也可以通过手机进行，具备全终端、实时、准确的营销传播能力，而且对它来说成本很低。

而传统企业事实上面临很大的挑战，以快销品为例，事实上企业并不清楚是谁买走了衣服、鞋、方便面、饮料……，更不清楚这些用户的需求特征是什么，只能通过广播式的广告进行影响。

随着 85 后、90 后逐渐成为消费主流，这种传播影响力上的差距将日益明显。

第三，互联网企业对于用户的感知与洞察更强，甚至比你更懂你的用户。

移动互联网企业能够更准确感知一个用户的状态，并可以以此为基础，深度理解这个用户。移动互联网企业往往通过在端一侧的布局，像探针一样随时感知到用户的需求脉动。获取大量信息后，再进一步通过大数据平台进行储备与挖掘。

移动互联网企业的另一个强项是用户体验，带着“互联网思维”去做的黄太吉和雕爷牛腩，其用户体验就受到了普遍赞誉。所谓“互联网思维”，非常重要的就是做到极致的用户体验。

与之相比，传统企业的很大问题在于，不清楚到底是谁买了自己的商品，更无法掌握用户的使用习惯是怎样的。尽管产品没少卖，但对客户的把握实际上极为脆弱，这样的模式在未来商业世界中是走不通的。

第 7 章

如何有效破局，构筑对手难以企及的竞争壁垒？

世界级制造

为了长期有效地黏着住自己的大客户，作为一家大型的外包制造企业，不仅要给客户提供多种选择，和客户进行联合设计、整合相关资源。更重要的是，要构筑自己的能力平台，以有效应对产业环境市场竞争中可能发生的种种变化。这在一个充满不确定性的时代显得尤其重要。

这些大规模的外包制造企业是如何满足客户多样的、多变的、低成本的要求呢？我们认为，有效地嵌入大客户的开发流程，与客户联合开发，有效地进行精益制造，高水准的模块化、组建化的能力，以及覆盖全球的交互能力和有效的整合内外部资源的能力，对于这样的大规模外包制造企业是至关重要的。

第一，深入地嵌入到客户的商业流程中，不仅为客户提供组装与制造，更重要的是要参与到客户的产品设计中去。

以全球最大的电子制造外包企业鸿海集团为例，在它的大客户名单中，包含许多我们耳熟能详的名字，包括戴尔、惠普、苹果、索尼、诺基亚、思科、摩托罗拉、英特尔、IBM 等。鸿海集团几乎与所有的这些大客户，都有联合设计开发的小组。对于这些大客户，鸿海和客户共同研发新产品，深度地介入客户的商务流程，与客户共同提升发展。

由于电子产品行业竞争激烈，鸿海的这些大客户许多时候都有一个要求，要求鸿海能够快速地推出新品。这就意味着，鸿海必须以非常快的速度，完成客户的设计需求，快速地帮客户提供样品，快速地进入批量生产阶段。这对于它的客户来说，几乎是生死攸关的大事。因此，对于外包制造企业来说，谁能在最短的时间内拿出样品，并且能够快速地批量生产，谁就占据了先机。那么鸿海与客户的联合开发的过程是怎样的呢？鸿海在欧洲、亚洲和美洲都设有研发和生产中心，在开展设计的时候，几乎是以全球接力棒的形式展开设计，在深圳设计中心完成了一个阶段的设计任务，进入休息时间之后，由芝加哥设计中心进行接力式的下一阶段设计，确保设计的快速完成、快速生产样品。鸿海的竞争对手要耗时两个月才能拿出样品，而鸿海最多在一周之内就拿出样品。

第二，深度的模块化构建能力。

鸿海集团内部非常强调 C 和 M 的能力，也就是 Component 和 Module，这种能力来自于鸿海集团对于模具技术的极大投入。鸿海集团的模具工厂有员工 6 万人，能够支撑它在 48 个小时之内完成模具的开发，而且模具的精度极高，高精度的模具使得零件之间的组合装配非常容易进行。鸿海正是通过自身的模具制造能力和自产的零部件生产能力的配合，形成了准系统的生产能力，以 PC 为例，鸿海的产品线从连接器到机壳、内存扩展槽、显卡、风扇等，除了 CPU 和内存之外的所有电脑零部件都可以生产。

通过对鸿海与其他外包制造企业的一系列指标对比发现，鸿海的生成模

具速度是用 2 ~ 3 个星期，相当多的模具是在 48 个小时之内完成，而国内大多数制造企业，通常需要外包加工模具，开模往往需要两三个月，此过程中有许多往返的工序；鸿海的零部件自制率高达 30%，这显著地降低了制造成本，而同类国内企业，零部件自制率不到 20%；鸿海的产品开发速度往往是 48 小时完成产品设计，24 个小时试制出样机，6 个星期达到量产，而国内的制造企业，即便是在比较快的情况下，也需要 1 ~ 6 个月的时间进行新品开发，量产大概需要更长的时间。鸿海著名的 982 指标，即 98% 的产品在收到订单之后，两天内完成发货，而国内的同类企业，交货期往往要长达 45 ~ 60 天。由此可以看出，鸿海之所以能够击败伟创利等全球巨头，牢牢占据全球电子设备制造头把交椅的位置，与这样高速和精密的模具构建能力是密不可分的。

第三，全球交付。

在 PC 行业和手机行业的这些大客户里面，包括戴尔、惠普、联想、索尼、IBM、诺基亚、摩托罗拉、苹果等，它们对于外包承载企业的一个非常重要的要求，就是能够实现全球范围内的快速交付。这样就要求外包制造企业必须具有全球交付的能力。因此，鸿海的策略是，在一些大客户的旁边建设工厂，具备了制造能力和物流交付能力；此外，鸿海投巨资建设了自己的 ERC 系统，保证整个货品的调度，供应快速；同时，还建立了自己的报税系统，能够以比较快的通关速度实现交付；鸿海还要求供应商以零时差装配原材料。

鸿海把自己面向大客户的这种交付模式称为：一地设计、三区制造和全球交货。一地设计，也就是在战略型客户的生产中心建立起研发设计、工程测试、快速模具和样品自制的能力，与客户同步开发新产品，缩短量产上市的时间；三区制造，就是要求自己迅速开发出模具，在最短的时间内遍布亚洲、北美、欧洲3个主要市场的制造基地部署生产，整合采购、制造、品质管理等各个流程，迅速地扩充产量；全球交货，鸿海要求自己进行零库存管理，要求供应商配合它的工厂布局进行就近供货，以便保质、保时、保量地把货物交到客户手里。

第四，精益制造。

像鸿海这样的巨型电子设备外包制造企业，几乎把效率这个词运用到了极限。在它们的整个生产运营过程中，为了不断地提高效率，对于整个基层生产运营的改进是经常发生的。

比如工作台的布置，原来主设备组装和配套支持性工作，本来分离成两个区域的工作台。鸿海通过整合缩小面积，让主要的组装工人坐在中间面向主生产线，支持性的人员坐在组装工人后面，进行辅助材料的支持，这样有助于减少来回走动取料的时间，同时缩小的区域面积能够提供更多的生产能力。

另外一项看似细微但非常重要的改善效率的变动是这样的，一般意义上，我们印象中的流水线是工人站在两边，中间的一条传送带传送设备，在工人与传送带之间会有一定的距离与一定的空间作为工作台，工人可以把传送带上传来的机器搬运到自己的工作台上，进行相应的零部件组装、固定，然后再交给下一个环节。事实上，经过改进之后可以实现这样的传送模式，那就是把生产工人所面向的生产空间分成两层，下层是传送带，把它变窄，仅用于设备的传送，而稍高处作为工人的工作台，这样使得工人不用每次都搬运设备到自己的面前，在他的工作台上，可以把各种各样的零部件位置相对固定下来，这样就减少了每次把零部件挪来挪去所带来的时间浪费。

另一个降低浪费的例子是，工人需要很多进行操作的工具，如果工具是

用金属材料制作的，损坏率非常高，且成本也比较高。通过技术改进，可以把这样的工具由钢造的改成橡胶制的，这样就极大地降低了成本。

这些改变看似微小，但之所以这些大规模制造企业在大客户拼命压低成本的情况下，仍然能够保持比较好的一个毛利状况，事实上正是来源于这些看似细小的一点一滴的效率和成本改善。

第五，有效整合。

从全球的电子设备外包制造的情况来看，普遍在增强自己的设计能力，连同自己的大规模制造能力，与大客户建立更紧密的联系，获取更多的订单。以鸿海为例，它的科研费用占总营收的 1.5% ~ 1.7%，并且内部设有 23 个技术委员会，全球专利申请量有 32400 件，核准量是 17000 多件，经过 20 年左右的时间完全打造了自己的专利管理系统，对于自身专利的管理有一个多达 500 人的管理团队进行维护。这足以说明，外包制造企业如果想长期地保持自己的市场份额和地位，或者通过技术资源的合作，或者是通过自建来增强。不管怎样，通过强有力的设计技术来建立起客户的黏着度，始终是这类企业生存和发展的关键点所在。

弹性网络

当代企业竞争的关键，在于是否拥有一张弹性的资源网络。这就如同体育比赛中的板凳深度一样，它能够使得企业的产品交互变得无所不在，能够充分有效地平滑整个供应链，能够有助于获取全球最佳的生产能力，还能有助于帮助企业应对突发事件，甚至有助于企业开展轻资产运营，这就是弹性网络。

选择一种松散的网络模式，进行全球化的资源协调，使企业能够更好地协调全球资源网络的企业，可以为自己和客户创造价值，使得信息流、资金流和物流可以不受约束地自由流动。它给企业提供了一个支点，使企业充分地协调分布在全球的资源网络，为自己的战略目标服务。

第一，弹性网络有助于平滑企业供应链。

利丰集团是中国香港地区的一家集团公司，整个集团有 3.5 万多名员工，遍布 40 多个国家和地区，销售收入近 200 亿美元（约 1377.14 亿元人民币）。利丰就是一个通过弹性网络进行组建自己资源体系的典型。

每年春天的时候，在美国迎来了烧烤架畅销的季节。北美的客户有喜欢在春天来临的时候，到野外进行烧烤的习惯。因此每年 5 月初，所有购买烧烤架的顾客几乎会在同一时刻汇集在零售商店。他们非常想要烧烤架，而且当时就想拿到手。对于零售商店来说，大半年都无人问津的产品会突然从货架上被买走。在很快的时间内，所有烧烤架都会被卖掉。

可以看到，这是一种季节性非常强的商品。这种季节性特点，对烧烤架的主要供应国中国的工厂而言，意味着什么呢？这意味着，一年相当长的时间一个烧烤架都不需要做，因为客户没有需要。而就在春天短短的 3 个月的时间里，工人要每天工作 24 小时进行全速生产。这对于企业来说是非常大的挑战，它们需要雇用到足够多的工人，并且要支付足够多的加班费、原料采购和装运。同时还需要从国外，比如说意大利采购煤气喷嘴，从世界各地采购足够数量的轧钢以满足需要。但是所有的这些并不能马上就能实现。这样就很有可能出现一种局面，当客户需要的时候却无货可卖，这是商家最不愿意看到的局面，顾客走进商店又空手出来。因为这不仅仅意味着失去了一次销售机会，还意味着将一位顾客送给了一个竞争者。

利丰在这个问题上的解决之道是这样的，它利用弹性供应网络进行工厂生产的调节。注意这里的工厂并不是利丰自身拥有的工厂，是它的弹性资源网络中的一家合作伙伴。这些工厂可以利用更长的时间，生产烧烤架并将其存入仓库。这样做既避免了工人加班，又可以确保对零售商的稳定供应。而且由于每年烧烤架的设计方面变化并不大，因此可以提前设计和制作。

在这个过程中，真正的难题在于，理顺生产并不是这家工厂自身就可以解决的。比如说，它如果要加大对货物的仓储，它必须承担额外追加的成本。此外，如果它对需求解读失误的话，意味着它有相当的产能或者成本被浪费掉。这里面工厂实际上面临着对供应链控制无力的挑战。而零售商也一样，它们也只是希望在客户有需求的时候进行采购。因此如果孤立地站在零售商和生产商的角度来看，它们都站在自己的角度进行业务优化，并不意味着整体系统的最优。这就一定会在客户有需求的时候断货。

而利丰作为一个弹性网络的打造者，它与全球数千家类似的厂家进行合作，其中有若干家生产烧烤架产品。此外，它还同时与下游的北美地区重要的零售商保持合作关系。这样，它就有能力进行整个弹性网络的协调。它能够把自己的管理延伸到整个生产周期，包括与零售商敲定每年大约价值为500 万美元的烧烤架，此外，它作为网络协调员，可以代表零售商给工厂提供 120 天的信誉保证，并安排储存烧烤架。这样，工厂就不用急急忙忙地在春季即将来临的时候开始生产，甚至可以在上一年的秋冬季就开始生产，这样工厂的产能可以平滑很多，也规避了短促加工生产带来的加班费等方面的成本。此外，利丰还可以协调货运机构，使大部分的烧烤架可以通过海运运输，降低了开支。而且，由于在非旺季就开始进行了生产，也能够帮助零售商以较低的采购价购得这些烧烤架。因此，总体来讲，这使得整个供应链的制造商、零售商都在一个非常有序的条件下经营，平滑了整个供应链，使价值链各方共同受益。

第二，弹性网络有助于企业获取最佳的生产能力。

iPhone 作为一款革命性的产品，它改写了全球手机产业和移动互联网产业格局。苹果对于供应商的选择是非常严格的，它力争在每个领域都选择最富有竞争力的供应商，总体来保证 iPhone 的竞争力。

例如，在日本的京都，这是一个电子科技制造商云集的地区，其中有一家企业叫做罗姆半导体，它是专门为 iPhone 生产传感器的。每当消费者在使用 iPhone 时，把耳朵靠近 iPhone 的时候，屏幕会自动变暗，就是这个传感器在工作。与之类似，iPhone 当中的一些非常精密的器件，有相当多的是在日本京都这个古城生产的。除了刚才提到的罗姆半导体之外，还有春田制造所等许多京都电子企业，都在为 iPhone 制造着精密部件。

此外，在 iPhone 上最昂贵的零部件就是那块 LCD 的屏幕，这是一块高品质的视网膜显示屏。它主要是由 LG Display 在韩国的工厂里生产的。这块硬屏能够最好地和 iPhone 的触摸屏相贴合，达到最佳的触动效果。此外，还具有省电、没有视差的优点。连乔布斯本人都曾在多个场合盛赞 LG Display 所生产的屏幕。当然，这种屏幕的生产是非常困难的，即便是生产工艺相对成熟的 LG Display，这种硬屏的生产良率也仅为 60% ~ 70%。在 LG Display 的工厂里，面板、背光磨阻、液晶材料、彩色滤光片、偏光片等配套工厂一应俱全。LG Display 甚至自己建立了一座玻璃基板厂，为面板工厂做配套。

另外，作为韩国供应商除了 LG Display 之外，更重要的是三星。iPhone 中价值 32% 的零部件是从三星采购的，包括 A4 与 A5 处理器、ANAD 闪存以及一部分显示屏，这是由三星在业界举足轻重的地位决定的。比如它的

ANAD Flash 闪存芯片，占据了全球四成左右的市场份额。

而整个 iPhone 组装生产的最终环节，主要是在中国大陆，由富士康等厂商完成。像 iPad2 中所需要的铝镁合金，重量达 2kg，但在生产中需要挖空 90% 的原料，真正最后用到的只有 200g。这是一个高耗能的产业，而且涉及资源回收、防止污染等，甚至由于污染的存在，还需要在很多生产环节采用机器人进行操作。也只有像富士康这样的全球性代工企业才能够帮助苹果生产高水准的产品。比如，为了保证 iPhone 的品质，富士康不断地进行生产工艺流程的改进；为了保证机床的无尘效果，它们会用巨大的塑料垂帘将整个机器包裹起来，五六个人在里面工作。所以到过富士康工厂的人都会留下非常深刻的印象，因为那恐怕是世界上最为壮观的工厂。有多达十几万的中国工人在这里面工作，为苹果生产着高质量的产品。

由以上可见，苹果事实上也组建了一个遍布全球的供应商网络。苹果在不同环节，都力求获得全球能够为它提供最优零部件或最优生产能力的供应商。这样的弹性网络，总体保障了 iPhone 的无可复制。

第三，弹性网络有助于支持企业开展轻资产运营。

也就是说，这些企业主要负责设计，而将所有的其他重资产工作进行外包。而这些制造能力并不归这些企业拥有，但是如果组织一个有效的弹性网络，完全能够成就一家企业的成功。H&M 就是这样的一家企业。

作为全球领先的服装企业 H&M，一年的收入将近 80 亿美元（约 550.85 亿元人民币），并且保持了非常高的利润水平。其中，H&M 的生产、采购和物流机制是非常值得称道的。H&M 将制造完全外包给全球 25 个国家的制造企业，其中 60% 在亚洲，40% 在欧洲。在亚洲通常是采购一些基本产品，而在靠近销售地的地方，比如说欧美，采购需要快速反应的产品。

H&M 对于供应商的管理和别的企业有很大的区别。H&M 要求它的厂家只做少量的预先生产，而主要生产还是根据销售数据分析再实施增产，这是由服装业的流行风尚变化快所决定的。因此，作为 H&M 的供应商，一般只是预先购买大量的基础面料，而靠后的工序，比如说染色和剪裁，则是在得到进一步订单之后再进行生产，一方面是控制成本，另一方面也保持了灵活。在供应商管理方面，H&M 采取了在生产地设立办事处的策略，以协调和供应商之间的关系进行及时沟通。此外，提高采购频率。一般而言，服装企业都是季节性采购，而 H&M 则采用一年采购 12 次的策略，以便对流行趋势进行快速反应。同时为了支持这种灵活采购的模式，H&M 建立了一个叫作 ICT 的信息系统，为 H&M 建立了一个闭环的信息反馈机制，保障了从流行预测到设计、生产、货品反馈、销售阶段的快速反应和低成本。所有门店能在 ICT 平台上知道彼此的销售情况，以及时进行货物调拨。采购和物流部门能够跟踪到每款商品的销售和库存情况，以便及时补货。

在物流方面，H&M 的整个物流系统是外包给 DHL 这样的专业公司的。一般的货物运输则转包给一些专业的运输公司，不同的货物通过集装箱运往各个销售地。其余货物则由设在德国汉堡的中央物流中心，转送到各个国家和地区的物流中心，然后发往各个销售点。为了保证物流过程中的低成本控制，对于远途运输，H&M 大多采用海运的方式，以更好地控制成本。从中央仓库到分流中心的货仓，H&M 用卡车运送，运送的全过程都由 ICT 系统全过程监控，整个 H&M 的物流系统每天能够处理的货品达到 164 万件。

此外，H&M 在对整个弹性网络的管理中，非常重视的一点就是要求库存周期快。由于服装这种产品每天贬值速度非常快，大概是每天 0.7%，所以只要它能提前 10 天卖出去，就会少贬值 7%，而毛利率也会随着增加 13%。

因此，为了避免过量生产而导致积压，H&M 的中央物流体系通过 ICT 紧跟每款产品的销售进程。H&M 的供应商生产的产品，通常会运送到德国汉堡的中央仓库进行整理和分发。但如果这款产品是针对某个区域市场的，H&M 通过 ICT 就会作出快速的响应，将产品直接送达该国的分部，甚至直接运送到店面。

通过以上的例子可以看到，H&M 是一家轻资产的企业，但是它在周围构筑了一个非常完整的生态体系。从供应商、原材料生产商到物流企业，都在它的统一调度之下。所以，尽管这些企业在所有权上并不是都属于 H&M 的资产，但同样让 H&M 保持了全球领先的服装企业的地位。

弹性网络的模式，听起来非常美妙，但事实上，组建并且保持健康运营这样一张弹性网络并不容易。因为这意味着一家企业要把所有权不属于自己的庞大的外部企业，组建成一个运作有序的联盟化的生态系统。在这个过程中，这个生态体系的核心企业扮演了整个弹性网络协调员的角色。具体地说，它需要把自己的经营重心从公司转移到整个弹性网络，需要把对于企业管理基于控制的视角转为面向整个网络的授权，需要将整个企业价值创造的逻辑由专业化创造变为整合创造。这意味着这样的企业需要非常高的战略管控技巧，需要在内部运营和外部弹性网络协调间达到高度的平衡。

搭积木的高手

在过去的几年里，在整个移动互联网的世界中，苹果毫无疑问是被谈及最多的一家企业。除了苹果创新的商业模式之外，事实上苹果得以成功的关键要素之一，是在于其漂亮产品背后所隐藏的强大的供应链体系。苹果通过打造一个高效的、遍布全球的供应链体系，确保了苹果一系列产品的成功。苹果所取得的辉煌，不仅仅是乔布斯的光环，也不仅仅是漂亮的设计，更不仅仅在于精妙的商业模式，从某种意义上讲，是整个运转有序、设计精良的供应链体系保证了苹果的强大。

iPhone 的 CPU 芯片，分别由三星和苹果公司自身提供。前几代 iPhone 采用的是三星的芯片，功耗较高。自 2008 年起，苹果相继收购了几家小型芯片公司，自行开发芯片。从 2010 年开始，苹果的 iPhone 和 iPad 采用苹果自行开发的 A4、A5 芯片，三星是苹果自主芯片的研发合作者和代工者。

苹果产品的主要组装者，是位于中国大陆地区的台资企业，包括富士康和广达等。这些工厂在 2010 年间为苹果组装了 4660 万部 iPhone 手机，以及 1500 万台 iPad 平板电脑，还有大量的 MacBook 笔记本电脑及 iPod 播放器。

iPhone 的触摸屏 50% 由中国台湾地区的宸鸿生产，30% 由胜华科技生产，还有 20% 由鸿海旗下的奇美电子生产，三家皆为中国台湾地区的企业。由宸鸿研发的透明玻璃投射式电容技术，是 iPhone 触摸屏中的关键技术。触摸屏内的显示屏由 LG Display 生产，工厂在韩国，这块 LCD 屏幕是 iPhone 上最昂贵的零部件。触摸屏传感器的设计方是日本的春田制造所，由中国大陆地区的莱宝科技进行生产。iPhone 触摸屏的玻璃加工生产商，由中国台湾地区的正达光电所生产，玻璃加工生产商还包括中国湖南的蓝思科技。

iPhone 里的电容、电池和闪存芯片由三星公司提供，三星不仅为苹果提供了大容量的电池和片式多层陶瓷电容器，还为 iPhone 和 iPad 生产 Flash 闪存芯片。苹果产品的摄像头供应商是工厂设在东莞和苏州的大立光和玉晶光。

苹果和主要零部件供应厂商签订长期的供货协议，利用自己充足的现金储备来支付建设工厂的费用，以换取一定时期内独家享有零部件采购的权力。

而苹果的竞争对手只能到其他厂商那里去采购，那里的良率更低，质量在短期内也非常不稳定。当这些竞争对手的供应商产品质量逐步改善的时候，通常已经过去很长时间，在这个过程中就为苹果的产品领先升级换代赢得了宝贵的时间差。

此外，在苹果产品中的多种创新技术，包括电容式多点触摸屏技术，低功耗芯片的工艺技术，以及其他的产品部件工艺的技术，大量来源于苹果和主要零部件供应商多年来持续努力协作的结果。苹果往往会与合作伙伴开展紧密配合，双方通过交叉授权，开发一系列有较高门槛的专利，并且鼓励合作伙伴投入巨资，用于生产线的良率提升并扩建生产线。

通过这样的供应链构造，苹果一方面“垄断”了关键的原材料，让竞争对手很难及时跟进，更重要的是通过持续改进，保证自己零部件供应的品质，即便其他厂商找到了同一个供应商，也很难做出性能和 iPhone 一样的产品。

通过以上分析可以看到，像苹果这样的优秀企业，必须是一个搭积木的高手，也就是构建协调、重新组合、虚拟管控的管理技能，这是苹果真正的企业内核。如果拥有这种商业技能最核心的力量，企业就会成为一个搭积木的高手，因为掌握了搭积木的诀窍，无论什么形状、大小、颜色的积木，无论在家里或在学校都可以拼出所需的图形。

这里所述的积木不仅包括来自于供应商、集成商、软件商、物流方的供应链体系，同时还包括一个企业对于自身在设计资源、营销渠道资源、广告资源、产品资源乃至创意资源方面，所拥有的灵活衔接、组合技能。这种技能已经嵌入了苹果的机体，是苹果商业 DNA 最核心的部分。事实上，苹果是一个真正的搭积木高手，已表现在各个方面。

在苹果的早期，包括乔布斯等核心团队人员的大量时间都用于人才资源的引入，在苹果早期的产品组里面，有后来开发了 Lotus 123 的米勒，后来负责谷歌安卓的安迪 · 罗迪，以及李开复。使苹果公司取得了巨大成功的 iPod 和 iPhone 的负责人法代尔，之前他在飞利浦电子，也曾经有过将网络音乐商店与 MP3 播放器结合起来的想法，但并没有受到重视。苹果公司接受了这个创意，邀请他加入并负责开发第一台 iPod。

苹果在零售渠道上的搭积木技巧也让人印象深刻。事实上，苹果连锁零售店的设计，来源于对四季酒店等一流酒店业的学习和借鉴，包括店铺的设计风格、选址、店铺内部对于顾客的服务，等等。苹果对全部体验层层把关，从货架上精挑细选的产品种类，到有着强烈极客或者嘻哈风格的年轻雇员的培训，到一些专卖店通常模仿博物馆建筑风格的设计方式，再到天才吧的技术支持服务，这套苹果式的零售体系让苹果的产品总是显得与众不同。

这种搭积木的商业技能，贯穿于苹果的发展过程之中。乔布斯的名言是：“苹果能够创造出像 iPad 这样的产品，是因为我们一直站在人文技术和科学技术的交汇处博采众长。”因此总体来看，苹果获得成功并不是偶然的。苹果真正值得我们学习的，是它对于各种技术、工具、知识、人才等资源进行组合衔接的内在技能。正是这种搭积木的核心能力，使得苹果在进入移动互联网时代之后取得颠覆诺基亚、撼动微软的业绩。在移动互联网时代取得成功的企业，首先要成为搭积木的高手。

十个传统行业的未来商业模式

在移动互联网的冲击下，各个传统行业都将发生显著的商业模式改变，

“价值重塑战略”将越来越成为传统企业的必然选择。

证券业的价值重塑：互联网免费模式 + 增值服务获利。

未来，交易佣金也不再是券商经纪业务的唯一收入，经纪业务主要内容是金融产品的销售，为客户提供一体化服务，包括客户开户、咨询、购买产品等多项业务，而不仅仅是买卖股票。未来的券商将以极低佣金吸引基础客户的同时，大力发展资产管理、证券咨询等增值服务，这些将取代经纪业务收入成为券商新的利润来源，另一些券商则会专注于高净值客户服务，或者走投行模式。

互联网证券服务的出现将加速目标客户的分层，鏖战之后差异化竞争定位将更为清晰。仅需要通道的客户会从传统营业部转移到网络渠道，而对服务有需求的客户会得到更好的服务。面对不同的客户群，网络渠道和线下渠道采用不同的佣金率水平，实现客户差异化分层与差异化服务。

保险业的价值重塑：互联网低成本渠道 + 产品创新 + 大数据服务。

保险业向互联网转型趋势明显。一方面，互联网可以有效降低保险公司获得客户的成本；另一方面，借助移动互联网手段，保险业可以更深入地理解用户，甚至将保险服务与用户的生活服务、健康服务更好结合，为保险业提供了未来增长的空间。

为满足客户的多重需求，互联网保险行业势必要走上不间断的产品创新之路。互联网保险时代，产品设计的理念将会发生质变，能够首先设计出与互联网及互联网客户特性相匹配、抓住客户需求的保险产品，是保险公司在今后市场竞争中取得优势的关键。

随着互联网的渗入，以保险产品为主导的销售模式将逐渐转化为以客户需求为核心的销售模式。保险企业应发挥核心竞争力，以数据分析优势实现无缝衔接。由于很多客户不知道自己的个性化需求，保险公司需要把客户的需求碎片化，进行大数据处理，再重新打包，做到个性化产品定制与服务定制，并延伸到客户的生活份额之中。

基金业的价值重塑：反向基金产品 C2B+ 提升高附加值服务 + 优化客户体验。

传统基金业的售卖产生 80% 利润的 20% 的客户，原因是基金到达不了更多 80% 的客户，今天通过互联网，使整个成本下降，长期被忽略的散户、小户借助互联网的“长尾效应”整体形成了惊人的规模。互联网金融释放的创新红利将继续惠及基金行业，“长尾效应”尚未结束。互联网金融投资品，更容易获得大量投资者的热捧，特别是 Web 2.0 的社区互联网将成为互联网金融消费者的分享空间。一旦投资这样的分享平台形成规模，就必然形成金融创新的基础，不再是基金公司自己设计投资产品了，很可能是一类特定的投资者，形成一个投资需求，由基金公司来响应投资者的投资需求，从而形成一个金融投资产品，也就是形成基金的 C2B 模式。

此外，基金公司之所以存在，就是因为能够给客户提供有附加值的服务，而不是仅为客户提供一个带有支付功能的一个简单的理财产品。基金的最终归宿还是要把对投资人的服务做起来，做好投资人的理财服务，为客户创造价值，是基金业的根本。

音乐业的价值重塑：遴选好的原创音乐为核心 + 生态体系延伸。

音乐领域最实在的商业模式，就是做音乐赚钱，形成一批好的原创词曲作者、歌手、乐手、制作人、录音棚、唱片公司、发行公司，然后延伸出去。建立内容生产者和利益相关者的联盟，保护自己的权益。唱片公司和音乐网站与硬件商深度合作，提高音质和耳机质量，提供便捷的支付手段，打通最后一里路，让用户付费付得心甘情愿。不同音乐有自己不同的盈利模式，免

费听歌，付费买唱片，常出新歌，常办演出，偶尔代言或参加活动；将不同级别和阶段的艺人培养衔接起来，建立起一个周边的利益相关联盟（乐器商、KTV、综艺节目），将蛋糕做大。

医疗业的价值重塑：智能健康终端 + 云服务 + 创新型运营企业。

在端一侧，智能健康终端的爆发式增长为智能医疗创造了条件，智能手环、智能运动鞋、智能体重计、智能血压计甚至测基因的设备已经在消费和技术的双重驱动下迅速爆发。

在云一侧，传统医疗设备厂家和专业体检中心在积极探索云健康服务。在关键的运营平台方面，健康服务公司或创新型医院有可能作为运营者，担当起中间的连接者，统一收集个人各类终端采集的数据，成为提供医患双方的服务平台，并将带动更多医院逐步加入。

教育业的价值重塑：平台化 + 免费服务圈地 + 增值服务收费。

在互联网的冲击下，越来越多教育培训机构改变单一的学校模式。教育培训变得越来越平台化、生态圈化，在内容上类似教育、科技电视台，在沟通方式上类似垂直用户社区，在盈利模式上类似于后向收费的媒体。英语、职业教育、课外辅导等教育培训品类将被首先突破，大量用户从线下教育向线上迁移。

鞋服业的价值链重塑：商品智能化 + 店面智能化 + 用户社群化 + 大数据挖掘。

鞋服业将越来越成为用户进入移动互联网的入口与载体，也是用户行为数据被记录的感应器，例如，运动鞋不仅仅是一双鞋，而是获得用户生活、运动、健康基础数据的载体和门户，在此基础上可以深入到用户的健康管理之中。一般商品的“功能价值”在降低，而其“信息价值”正在放大。商品开始成为基于基础功能载体的信息探头与门户。

同时，用户在零售店面的体验将发生极大变化，一面是店面将转变成为用户表达个性需求的触点，也是记录用户试衣及咨询的数据记录触点，用户将获得前所未有的良好体验。借助线上和线下两种手段以及有效的运营，鞋服产品的用户将逐步开始粉丝化、社群化。

最大的改变将发生在，鞋服从一次性售卖商品将逐渐变为可长期运营的生活服务，并以大数据为依托，为用户提供更完整的生活服务与健康服务。

家电业的价值重塑：低价化硬件 + 可运营生态链 + 大数据服务。

家电商品的特点是，与消费者衣食住行结合紧密，与消费者日常最高频的消费行为密切相关。在这些商品逐步智能化之后，可以通过对消费者行为进行监测，建立起对消费者的完整、深刻理解，挖掘消费者生活中的其他商机。

例如，智能化的电冰箱是否可以实现对用户食品的自动采购？可穿戴设备是否可以提供对用户服装的及时建议？健康监测设备是否可以实现对用户生活、锻炼、用药等行为的及时影响？从长期来看，这些“大数据型商品”的价值将越来越体现在大数据服务上，而并不在于商品本身。此类企业会将商业模式重点放在对于用户数据的长期积累方面，并会不遗余力地推进商品设备的布放，这将推动家电商品的低价化以及长期的运营服务形成。

快餐等服务业的价值重塑：高品质化 + 客户聚焦 +O2O。

在中国，无论哪个行业，只要有企业愿意多付出 10% 把产品或服务做得更好，一定有消费者愿意买单，这是中国市场的分层结构决定的。以快餐为代表的服务业一定会有更多增值挖潜的空间。以写字楼快餐销售为例，将出现越来越多的高品质送餐服务，这种高品质一方面表现在食材、汤料、包装、口味等产品本身，也表现在通过线上互动的服务模式上。除了快餐之外，家用物品、家用服务也将出现类似的趋势。

招聘等人力资源服务行业的价值重塑：基于大数据的智能中介服务。

利用大数据技术进行招聘的过程，相较于当前的企业招聘模式，无疑是革命性的进步。大数据创新会有助于推动充分市场化、专业化的职场环境，这将带来人力资源价值的充分释放。人才、用人企业、人才中介机构对于人力资源管理过程中每一步痕迹，进行定量化积累、跨领域分享及模型化挖掘，形成一个运作有序的人才价值交换市场。例如，职业人在各企业的综合表现、薪资福利、职业历程、职业信用信息，在职业社交平台上的发布信息、互动信息、人际信息，在职业测评中的测评信息，在职业转换中的相关信息等，这些都需要进行量化积累，同时需要借助某种共享平台实现信息分享，在此基础上，进行专业的挖掘与提取。数字化职业生涯管理，对于人力资源管理的改变将是巨大的，无论是企业重点中的 HR 人员、职业生涯规划咨询师、猎头机构或培训机构，都需要形成以职场人为中心，以数据运用和挖掘为手段的数字化职业生涯管理技术，并以此为基础构筑自己的核心竞争力。

本文仅对十个行业的“价值重塑”趋势开展了预测，事实上，移动互联网已将开始全面渗入传统行业，并引发了传统行业的深刻变革，要么被颠覆，要么变革重生！

互联网破局的关键问题

【传统企业为什么会被移动互联网颠覆？】

互联网的历史，某种意义上讲，是一部用户成本不断降低的历史，几乎所有的互联网商业模式都建立在使用户的信息交换成本最低、沟通聚集成本最低、买卖交易成本最低、注意力到达成本最低的基础上，而以上所有环节的客户成本最低化，势必带来原有商业价值贬值。

【移动互联网时代的消费特征？】

第一，越来越多的社会化消费者参与品牌的创造与定义；第二，快时尚席卷中国的梯度社会；第三，消费者兴趣图谱带来无限商机；第四，应用与娱乐重新定义时尚科技产品；第五，电商社会重构零售的销售渠道与服务；第六，PC、平板、手机等多屏时代彻底改变消费者媒体习惯。

【传统企业战略转型的实质是？】

转型不仅仅是业务方向调整，其更深层次的内涵在于，对当前主流客户群的心理自主渴望，以及由此衍生出的相关需求，提供真诚关切与有力支持。转型中的所有努力，都旨在对客户的内在需求“得到庇护、渴望发言、寻求联系”提供深度支持。

【传统企业做平台的实质是什么？】

相当于传统企业把自身优势资源拿出来，然后尽可能小颗粒度地切割组合，再与客户或第三方合作伙伴的需求适配的一套管理与交易机制。

【传统企业在转型中需要如何重新设计自己的商业模式？】

1. 就像卖了肥皂，还要教会用户洗澡；2. 供了自来水，还要帮用户怎么节水、用水和烧水；3. 送了锅碗，还要帮助煮饭和吃饭；4. 修了高速路，还要请车到高速路上跑；5. 卖了菜，还要帮助炒菜。

【传统企业如何启动商业模式创新？】

一个商业模式，说起来往往玄妙。其实，不如专注于一个特定目标客户群，对这个客户群的行为模式建立深刻的理解，这个是真正的基础；再之后，考虑是用社区、APP、浏览器，还是游戏的方式实现客户流量黏着；再之后，

是具体选择通过流量、增值、广告还是什么模式盈利的问题。专注，最重要。

【传统企业如何在转型中推动创新？】

1. 用户至上重视体验；2. 从小处开始打动消费者；3. 聚焦，专注；4. 简洁；5. 去官僚化，自下而上；6. 快速行动；7. 不怕失败；8. 颠覆创新是结果。

【传统企业在转型中需要强化哪些能力？】

在深入拓展移动互联网转型新市场的过程中，传统企业最大的挑战在于对新市场（或新业务）的专业化运营管理挑战。这意味着需要在收购兼并、战略合作、组建新型业务单元、招募新型人才、快速学习等几个方面进行能力补缺。

【传统企业转型中大数据化的用户视图应如何集成？】

在现实社会中，每个人的基础身份是自己的姓名和身份证号；在电信网络中，用户的基础身份是电话或手机号码。在互联网中，用户的基础身份是登录名或号码。未来企业的大数据系统需要成为以上不同 ID 的总集成，包括用户的物理社会身份信息、电信网络中的身份与行为信息、互联网中的身份与行为信息。

【传统企业转型中新型业务是如何失败的？】

传统企业面向移动互联网转型过程中，新型业务的若干种典型“死法”。1. 简单复制母体的流程机制，水土不服而“死”。2. 与既有实权资源部门的协同不畅，缺少资源而“死”。3. 简单业务捆绑，缺少健康运营而“死”。4. 迫于指标压力，注水带来坏口碑而“死”。5. 与客户需求隔离，产品售卖而非精准运营而“死”。

【面向移动互联网转型，传统企业面临的内在挑战是什么？】

“商业模式挑战”位居榜首，其次是“人员素质与结构”，第三为“传统思维观念”。接下来依次为企业制度、组织结构、文化创新、对客户的理解、考核制度。

【传统企业面向移动互联网转型过程中，哪些职能面临最大挑战？】

“人力资源”高居榜首，“产品”紧随其后，“渠道”位列第三。接下来依次是营销、客户服务、系统支撑、网络、战略。基本结论是，面向移动互联网转型，各职能需全面协同转型。

【传统企业转型的文化障碍是什么？】

文化（DNA）转型是运营商转型的内在要求。移动互联网类的新型业务需要鼓励尝试、包容失败、兼容多元精神的文化特征，传统业务往往秉承的文化是最小化风险、保持稳定增长。如果简单的沿用既有文化特征，可能会从机制基础上扼杀新型业务。

【阻碍传统企业转型的是什么？】

阻碍企业向移动互联网深度转型推进的三种内在恐惧：恐惧一，对不可预知事情的恐惧；恐惧二，害怕做错事被惩罚；恐惧三，害怕失去自己已经习惯了的东西。

www.ingramcontent.com/pod-product-compliance
Ingram Content Group UK Ltd.
Pitfield, Milton Keynes, MK11 3LW, UK
UKHW062004290726
14090UKWH00022B/1390